Da capo
다 카포에
서다

이지윤 수필집

Da capo
다 카포에
서다

초판 1쇄 발행 2025년 11월 15일

지은이 이지윤
펴낸이 이상규
편 집 이원영 김윤정
펴낸곳 에세이문학출판부

출판등록 2006년 9월 4일 제2006-000121호
주소 03134 서울시 종로구 돈화문로 10길 9, 405호(봉익동, 온녕빌딩)
전화 02-747-3508・3509 팩스 02-3675-4528
이메일 essaypark@hanmail.net

ⓒ 2025 이지윤
값 16,000원
ISBN 979-11-90629-52-2 03810

후원: 인천광역시   인천문화재단

* 본 도서는 인천광역시와 (재)인천문화재단의 후원을 받아
  '2025 예술창작생애지원' 사업에 선정되어 발간되었습니다.
* 저자와의 합의하에 인지는 생략합니다.
* 잘못된 책은 바꿔드립니다.

Da capo
다 카포에 서다

이지윤 수필집

에세이문학출판부

작가의 말

인생은 알 수 없는 일들의 연속입니다.
소중한 사람의 상실 또한 저에게는 전혀 예측하지 못했던,
알 수 없는 일이었습니다.
삶은 예측 불가능한 '뜻밖'의 연속이며,
그 속에서 우리는 각자의 방식으로 성장해 간다는 것을
알았습니다.
뜻밖의 일들은 때로 뜻밖의 결과도 가져오는 것 같습니다.
늦은 나이에 처음으로 책을 출간하는 영광도
얻게 되었으니 말입니다.
하지만 뿌듯함만이 가득한 것은 아닙니다.
부끄러움과 걱정을 쉽게 떨치기 어렵습니다.

제 삶에서 가장 힘들었던 시기,
'글로 마음을 토해내 보라.'는 조언에 쉼 없이
마음을 끄적이며 견뎌냈습니다.
글쓰기는 삶을 붙든 작은 힘이었습니다.

이제, 그 시절 저의 여러 가지 심상을 펼쳐 보입니다.
늘 제 곁에서 비서처럼 챙겨주었던 딸 하나,
가끔 울림 있는 한마디를 던지며 제 울타리 역할을 해주는
아들 정수, 고맙다. 사랑한다.
어설펐던 글을 읽고 끊임없이 칭찬과 응원을 아끼지 않았던
진우 오빠와 사랑하는 해영이를 비롯한 예쁜 조카들,
그리고 101세의 연세에도 제게 작은 기쁨과 존재의 의미를
일깨워 주시는 시어머니께 감사드립니다.
이 책이 세상에 나오기까지 지도와 격려로 이끌어주신
문광영 교수님, 채찬석 작가님, 신재기 교수님,
그리고 서평을 써주신 이승하 교수님, 고맙습니다.
정성 어린 도움을 주신 에세이문학출판부 관계자 여러분께도
고마움을 전합니다.
이 모든 하나님의 은혜에, 진심으로 감사드립니다.

2025년 10월 끝자락에서
이지윤

차례

작가의 말 _4

1부

A4 한 장 _13
시어머니 _18
나날 _23
하이힐과 돋보기 _27
라면의 반란 _31
외로움은 가고 고독이 찾아왔다 _35
입안 가득한 그리움 _39
아직, 끝나지 않았다 _43
고발합니다 _47
보름달 카스텔라 _51
정겹던 소리가 낯설어질 때 _55
삼키지 못한 여름 _59
다시, 배짱을 쓰다 _62

2부

쪽찐 머리　　_71
어느 여름의 수박 향　　_77
어머니의 화양연화　　_82
아직 내가 살아 있잖냐, 잉?　　_87
보부아르의 분노　　_92
그 복도에서 울다, 웃다　　_96
달거리 식탐　　_99
고정관념을 흔든 낯선 아름다움　　_104
시아버지와 약탕기　　_108
가로등의 온기　　_113
그 밤, 내 콧잔등 위의 땀방울　　_116
달을 품고 있는 유리잔　　_121

3부

따뜻한 파문　_129
옹기 항아리　_135
그 여자의 책　_139
허리를 펴고, 나를 세우다　_143
맛있는 입덧　_148
검은 재킷　_152
아줌마는 없었다　_155
철(節)갈이　_160
퇴직했잖아요!　_164
하얀 뿌리　_167
고소함과 착각 사이　_171
두 여자, 절망의 봄밤　_174
아주 보통의 하루　_179

4부

복권 놀이　_187
제주도　_193
아침　_198
어서 벗어요!　_201
코발트 코르덴 스커트　_206
원적산공원의 환경예술가　_210
'괜찮으세요?' 그 말이 괜찮지 않았다　_214
추억의 정기구독　_219
원적산공원의 합주곡　_222
시루 안의 사랑　_226
용인, 두 개의 풍경　_234
젓가락 하나　_239
황태의 시간　_244
Viva la Vida　_248

후기　용인묘지공원　_254
서평　그대가 사랑했던 그 모든 것들을　**이승하**　_256

1부

나이가 들었어도 사람은 여전히 꿈꾸고 싶고, 배우고 싶고, 웃고 싶어 한다. 젊음을 잊은 걸까? 아직도 그 시절의 감각을 놓지 않은 걸까? 늙는다는 건, 단순히 나이를 먹는 일만은 아닌 듯하다. 어쩌면 어느 순간, 착각 속에 멈춰 선 채 살아가는 일인지도 모른다.

- A4 한 장
- 시어머니
- 나날
- 하이힐과 돋보기
- 라면의 반란
- 외로움은 가고 고독이 찾아왔다
- 입안 가득한 그리움
- 아직, 끝나지 않았다
- 고발합니다
- 보름달 카스텔라
- 정겹던 소리가 낯설어질 때
- 삼키지 못한 여름
- 다시, 배짱을 쓰다

A4 한 장

얼마 전, 한 커뮤니티에서 사진 한 장을 봤다. 낡은 캠핑카 옆에 작은 접이식 의자 두 개, 그 위에는 쪼그려 앉은 중년 부부가 라면을 나눠 먹고 있었다. 소박하지만 행복해 보이는 모습이었다. 주변엔 아무도 없고 강물이 잔잔한 강가였다. 불쑥 생각이 났다. 우리도 잠시, 종이 위에서 캠핑카를 몰던 부부였다는 걸.

퇴직을 1년 앞둔 어느 날, 남편이 A4 용지 한 장을 들고 왔다.
"잠깐만, 앉아봐."
"아니! 다시 복권 사요?"
엉겁결에 튀어나온 말이다.
"아니, 당신 퇴직하면 나도 퇴직하려고! 이제 노후생활 계획을 세워야지."

그렇게 시작된 것이 '캠핑카 놀이'였다. 마치 새로운 모험을 앞둔 소년처럼 남편은 캠핑카의 종류와 구조, 가격, 튜닝의 필요성, 준비물, 여행지까지 A4 용지 한 장에 가득 정리해 내려갔다. 장점만을 뽑아내고 외국 사례까지 들먹이며 한껏 들떠 있었다. '캠핑카 생활'에 대한 희망의 청사진은 주말마다 수정되고 보완되며 점점 더 구체화해 갔다.

"아니! 다 늙어서 무슨 캠핑카예요? 곳곳에 널려 있는 게 펜션인데! 차라리 좋은 펜션을 이용하는 게 편하지 않겠어요?"

내 말에 그는 피식 웃었다. 저 멀리 강가를 따라 이미 마음은 떠나 있었다.

남편은 주말마다 캠핑카 방랑 계획을 고치고 다듬었다. 내가 물어보기도 전에,

"이건 당신이 좋아할 거야."

포근한 침낭과 아담한 냉장고 옵션을 소개했다. 오래전 우리가 복권을 사던 시절처럼, '캠핑카 놀이' 용지에는 남편의 희망 사항이 차곡차곡 쌓여갔다. 시간이 흐르면서 남편의 그런 모습이 차츰 귀엽게 보였다.

결혼 초, 가난한 학생 남편은 주말마다 복권을 샀다. 저녁을 먹고 나면 그는 어김없이 종이 한 장을 꺼내 들고 말했다.

"갖고 싶은 거, 하고 싶은 거 다 적어! 내가 다 해줄 거야!"

나는 달동네 단칸방 바닥에 엎드려 써 내려갔다. 전혜린이 말한 뮌헨의 검은 맥주와 소시지를 곁들여 먹고 싶다는 고백을 시작으로, 헵번스타일 원피스를 사 입고 부산의 태종대와 자갈치 시장을 구경하고, 부산 씨앗 호떡은 꼭 먹어야 한다고 적었다. 유럽 곳곳의 미술관을 둘러보고 로마의 스페인 광장 계단에 앉아 젤라토를 핥을 생각을 하며 지구 곳곳의 여행을 상상했고 호텔식 화장실과 욕조가 딸린 내 집을 꿈꾸었다.

주말마다 한 장의 종이에는 희망 목록으로 가득 채워졌다. 아무리 허무맹랑하고 유치해도 그 시절 삶을 버텨내는 우리만의 방식이었다. 빈약한 현실에 비해, 종이 속의 삶은 늘 풍성하기만 했다. 그러나 2년간 사 모은 복권은 매번 '다음 기회'를 숙제로 남겼다. 세월이 흘러 생활이 안정되자 복권 놀이는 사라졌다. 하지만 여행을 가다 낯선 길목을 지날 때면, "맞아, 여기도 우리 복권 놀이에 적었지?" 하며 함께 웃곤 했다.

이제 우리의 늙음 앞에 '캠핑카 놀이'가 등장했다. 그러나 그토록 간절했던 로망, 어쩌면 그가 가고 싶었던 유년의 바다로 향하는 꿈이었을 그 놀이는 오래가지 못했다. 주말마다 설레며 종이 속을 달리던 캠핑카는, 어느 날부터 조용히 멈취 섰다. 그의 손끝은 점점 느려졌고, 지도 위의 빨간 동그라미도 더는 늘지 않았다. 캠핑카는 끝내, 실물이 되지 못했다. 몇 권의 카탈로그와 낡은 지도, 그리고 몇 장의 A4 용지에 남겨진 너저분한 메모가 전부였다.

그는 소세포암으로 1년을 넘기지 못한 채 세상을 떠났다. 펄쩍펄쩍 날뛰던 물고기처럼 신이 나서 숨 가쁘게 자랑하던 유년 시절 여수 앞바다, 땅끝마을 해남의 낚시터, '여기선 글이 잘 써질 것 같아.'라며 빨간 줄을 긋던 섬진강 강가, 누렇게 바랜 메모지와 때 묻은 지도 위, 그의 손끝에서 밑줄 그어진 이름들은 여전히 생생하다. 한 장의 용지에 빼곡히 적어 내려간 그 수많은 꿈이 문득 내 등을 떠민다. 그 풍경들은, 아직도 우리를 기다리고 있을까?

우리는 어쩌면 평생을 놀이하듯 살아온 것 같다. 준비 없이 무작정 시작한 결혼은 '복권 놀이'가 되었고, 졸업까지 이어진 고단한 의학 공부는 긴 숨을 참아가며 버틴 '시험 놀이'였다. 통장수를 늘리며 자신감을 찾아가던 '저축 놀이', 그리고 마지막 '캠핑카 놀이'까지. 성공도 실패도, 결과도 중요하지 않았다. 그저 함께 상상하고, 함께 싸우고 웃던 그 놀이는 어쩌면 우리만의 주문이자 희망이었는지도 모른다. 힘들고, 때로는 허무했지만 그 중심엔 늘 '우리 둘이'가 있었다.

우리는 단 한 번도 복권에 당첨되지 못했고, 캠핑카 역시 끝내 손에 넣지 못했다. 하지만 돌아보면, 그 종이 위에 적힌 소원들은 이미 우리가 함께 견디며 살아내는 동안 조용히 이루어지고 있었는지도 모른다. 복권은 가난 속에서 꿈을 사는 방식이었고, 캠핑카는 늙음을 견디는 희망이었다.

살아가는 일은 함께 문제를 푸는 과정이었다는 것을 이제는 안다. 나는 혼자다. 당첨되지 않은 복권도, 출발하지 못한 캠핑카도 그저 고마운 추억으로 마음 한편에 남겨 둔다. 앞으로의 날들은 또 다른 방식으로 조금 더 가볍게, 나답게 살아가면 좋겠다. 그가 남긴 지도 위에 나만의 동그라미를 그려 넣으며, 늦었지만, 결코 너무 늦지 않은 '혼자서 돌아보는 캠핑카 놀이'를 말이다.

시어머니

"야! 입 닥쳐!"

어눌한 발음이지만 날카로운 고성이 입원실 복도까지 울렸다. 시어머니 목소리가 분명했다. 입원실로 뛰어 들어갔다. 아니나 다를까, 어머니가 침대에 앉아 삿대질하고 계셨다. 출입문 옆 환자도 침대 모서리를 잡고 삿대질하며 고함을 질러대고 있었다. 그분은 나를 보자 시어머니의 거친 언행에 대해 더 큰 목소리로 화를 토해내기 시작했다.

간병인이 이쪽저쪽 조용히 하라며 양팔을 허우적거렸다. 순간 멍했다. 무언극의 배우들을 보고 있는 느낌이 들었다. 정신을 가다듬고 문 옆 환자분에게 다가갔다. '왕년에…' 하며 흥분한 환자에게 내가 할 수 있는 건 사과뿐이었다.

시어머니는 올해 95세다. 아들의 암 선고 소식을 듣고 치매가 심해져 2년째 입원 중이다. 입원실에서 최고령인 시어머니는 대놓고 환자들에게조차 대우받기를 바란다. 같은 병실에는 여섯 분의 환자가 있는데 네 분은 거동이 어려운 환자들이다. 거동이 자유로운 출입문 쪽에 환자분이 시어머님과 자주 다투는 것이다.

 1925년 서리꽃으로 세상이 하얗던 1월, 시어머니는 경상남도 하동 신 참판 댁 첫딸로 태어나 무남독녀로 자랐다. 쌀반죽 같은 하얀 피부와 오뚝한 코를 가진 기품 있는 외모와 달리 성격은 강했다. 당신 외에는 모두 아랫것들처럼 여기며 자랐다.

 열아홉 살 봄, 동갑내기 시아버지를 만나 혼인했다. 큰 키의 시아버지는 꽃을 사랑하고 시인을 꿈꾸던 조용한 성품의 청년이었다. 자기중심적이고 활달한 시어머니는 국어 교사였던 시아버지와 친밀한 정은 없었다. 시어머니는 남편의 사랑을, 자식들을 통해 얻고자 했다. 남매뿐이었지만 우수한 성적으로 어머니의 자존심을 살려주었고, 아들이 의사가 되자 우월감은 정점을 찍게 되었다.

 시어머니의 유별난 성품은 나이가 들어도 여전했다.

 "너의 시어머니는 대단한 사람이다. 하늘이 두 쪽 나도 자기 하고 싶은 대로 하며 사는 사람이다."

 친척들은 물론 주변 사람들까지도 고개를 흔들게 했다. 그러면서 내가 힘들어할 때마다 "성품이 그런 거지 인정도 많고 뒤끝이 없는 좋은 사람."이라고 위로해 주었다.

그러나 나는 결혼 초, 어머니의 강한 기(氣)에 눌려 용변조차 멈춰버린 적이 있다. 가을 햇빛에 말라버린 무청처럼 누런 얼굴이 되어 병원에 가야 했고, 시어머니는 그런 나를 향해 약해빠져서 뭐에 쓰느냐며 힐책하셨다. 본인 위주의 꼿꼿한 자존심이 아집으로 느껴졌다. 이래저래 속상해하면서 투덜대고 흉도 보았지만, 서서히 한 가족이 되었다.

시골 오일장 같은 상황을 마무리한 후 어머니를 모시고 휴게실로 나왔다. 창밖에는 희끗희끗 흰 실타래 같은 눈이 날리고 있었다. 눈 구경이나 하자며 창가에 자리를 마련해 드렸다. 그런데 아직도 분이 덜 풀린 듯, 아니면 나의 응원이 필요했던지 건방지고 주제를 모른다고 한동안 성토가 이어졌다. 어머니 말씀이 옳다고, 어른도 몰라보는 몰상식한 사람이라며 맞장구를 쳐 드렸다. 금세 분했던 마음은 잊으시고 성글게 눈이 내리는 창밖을 바라보다 일본 동요를 부르셨다.

"봄이 왔다, 봄이 왔다. 어디에 왔나, 산에 왔네. 마을에도 왔네. 들에도…."

노래를 부르다 말고 내 어깨를 두드리며,

"어미야, 아비는 잘 있냐?"

"건강은 괜찮고?"

오늘도 어김없이 물으신다. 오락가락 기억 속에서도 아들을 이야기할 때면 시어머니 모습은 유월의 나뭇잎처럼 윤이 난다.

"아비, 네가 잘 건사해야 한다. 내가 아직도 살아 있지 않냐?"

작아진 얼굴에 움푹 꺼진 볼우물의 주름살이 살짝 아래로 쳐진다. 무심한 듯 빤히 나를 쳐다보는 어머니의 메마른 눈 속에 남편의 모습이 잠시 머물다 간다. 항암 부작용으로 너덜너덜해진 피부와 물기 없는 앙상한 몸으로 고통을 견뎌 내던 남편이었다. 그러나 2년 전 너무도 황망하게 세상을 떠났다.

아들이 삶의 전부라 여기는 어머니가 갑작스러운 그이의 떠남을 받아들일 수 있을지 걱정이 되었다. 연달아 상을 치르지 않을까 하는 두려움 때문에 아무도 어머니께 알리지 못했다. 그것이 지금까지 이어지고 있다. 그런 상황을 알 길 없는 어머니는 병실의 환자들에게 끊임없이 아들 자랑을 하신다. 그러면 어르신들은 빈정거리듯 왜 병문안 한 번 오지 않느냐며 따진다. 시어머니는 노을처럼 불콰해진 얼굴로,

"나이가 많아서…."

라며 얼버무린다. 자랑스러운 의사 아들이 아프다는 사실조차 감추고 싶은 마음이 시어머니의 자존심이다. 원무과에 가서 입원실 교체를 알아보고 이 사실을 어머니께 전해드리니

아무 말씀이 없다. 떠날 시간이 되어 나오려는데,

"어미야, 나 입원실 안 옮긴다. 내가 나가면 저년한테 지는 것이 되니 이 방에서 저년을 내쫓아라. 알았냐?"

내 귀를 잡아당기며 속삭이신다. 아들이 건강해져서 데리러 온다고 믿는 시어머니에게 그이의 죽음을 알리지 못한다. 그런데 자꾸 죄책감이 몰려온다. 최선의 배려라고 생각한 것이 그저 좋은 며느리로 남고 싶은 나만의 욕심은 아닌지…. 불덩이 같은 지끈거림이 명치에서 온몸으로 퍼지며 가슴 한편이 저릿하게 시려온다.

《어린 왕자》에 나오는 장미는 뾰족하게 돋아난 4개의 가시가 자신을 보호해 줄 것이라고 믿는다. 장미의 자존심이다. 시어머니의 가슴속에는 장미 같은 아들이 있다. 사람이 무너질 때는 자존심에 상처를 입을 때라고 한다. 언제 깨져 버릴지 모를 시어머니의 자존심이 입원실을 나오는 발걸음을 무겁게 했다.

나날

　아침에 눈을 뜨면 가장 먼저 앞치마를 두른다. 어느덧 2년째 이어온 습관이다. 오늘 고른 앞치마는 다섯 벌 중 가장 화려한 앵둣빛. 잘 익은 체리 같은 붉은 바탕에, 하얀 점들이 눈송이처럼 촘촘히 박혀 있다. 중앙에는 빨간 바구니가 수놓아 있고, 그 안에서 두 마리 하얀 고양이가 앞발로 턱을 괴고 앉아 있다. 한쪽 귀만 푸른빛을 띠어 더욱 사랑스럽다.
　우리 집에서 공원으로 가는 길목엔 쇠락해 가는 시장이 있다. 거리 곳곳에 '○○개발공사'에서 붙여 놓은 붉은 철거명령 딱지가 을씨년스럽다. 폐가처럼 어수선한 거리 속에서도 여전히 버티고 있는 '자매 이불집'. 낡은 건물과는 달리, 보라색 바탕에 분홍빛 글씨의 선명한 간판이 눈에 띈다. 인도 위에서는 '마지막 세일 앞치마'가 바람에 휘청거리듯 날린다. 허물어져 가는 거리에서 화사하게 흔들리던 앞치마가, 왠지

내 마음을 다독이는 듯했다. 그중에서도 푸른 잉크색 앞치마가 유난히 눈에 들어왔다. 점포 정리 세일로 단돈 5천 원, 그렇게 하나를 집은 것이 시작이었다. 처음엔 오다가다 사먹는 계란빵처럼 그저 재미 삼아 샀는데, 어느새 색깔별로 몇 벌을 더 들이고는 요일마다 돌아가며 챙겨 입게 되었다. 고리에 얼굴을 넣고, 가슴부터 무릎 아래까지 몸을 감싼 다음, 양옆의 긴 끈을 뒤로 질끈 묶는 순간, 하루가 시작된다.

  한때는 아침마다 무엇을 해야 할지 몰라 막막하던 시절이 있었다. 그 무렵 구입했던 앞치마는 비닐봉지 속에서 잊힌 채 먼지를 뒤집어쓰고 있었다. 그러던 어느 날, 아일랜드 서랍을 정리하다 무심코 그 앞치마를 꺼내 들었다. 별생각 없이 목에 걸었을 뿐인데, 이상하게도 몸이 반응했다. 생활인의 긴장감, 어떤 의무감 같은 것이 스며들었고, 마치 신호처럼 몸이 자연스럽게 움직이기 시작했다. 그날 이후 매일 아침 앞치마를 두르게 되었다.

  허술한 잠옷 차림도 앞치마 하나면 화려한 홈웨어처럼 감싸져 민망할 일이 없다. 침대 위에서 게으른 고양이처럼 퍼져 있다가도, 초인종이 울리면 사정은 달라진다. 세탁소 아저씨, 아파트 내부 공사 동의서를 들고 다니는 이웃들이 예고 없이 찾아오는 순간, 앞치마는 흐트러진 옷매무새를 단숨에 정리해 준다. 허름한 잠옷 위로 앞치마 하나 둘렀을 뿐인데, 집 안에서도 체면치레는 충분하다. 그렇게 앞치마는 생활의 의식을 정돈해 주는 도구이자, 내 감정의 표정이 되었다. 외관상으로는 능숙한 주부처럼 보일지도 모르겠다. 하지만 실은, 앞치마는 요리보다 일상의 무게를 감싸기 위한 방패 같은 존재다.

앞치마는 올 설을 맞아 대목을 누렸다. 양파 껍질을 벗기다 매운 눈물이 흐르면, 멀리 있는 휴지 대신 앞치마로 훔쳤다. 씻은 나물을 털고, 과일을 깎고 난 뒤 손끝에 남은 끈적임을 닦는 일도 앞치마 몫이다. 베어 문 사과를 잠시 내려놓을 곳이 없으면 앞치마 주머니가 임시 보관함이 되고, 깎아둔 알밤 한 알도 슬쩍 그 안으로 들어간다. 칼질하다 손을 베면 반창고를 찾기 전까지 앞치마 끝으로 눌러 지혈한다. 전을 부치다 기름이 튀었을 때도, 탕국물이 묻은 소반을 닦을 때도 앞치마가 해결해 준다.

앞치마의 큰 주머니는 내 삶의 작은 창고다. 그중 가장 중요한 기능은 핸드폰 보관이다. 덕분에 '내 폰 어디 갔지?' 하며 집 안을 헤맬 일이 없다. 떠오른 단어나 문장, 딸의 부탁, 중요한 약속을 적어둘 메모장과 펜도 항상 함께이다. 책을 읽다가 택배를 받으러 갈 땐 안경을 넣고 뛰어가기도 하고, 마트 영수증, 납부 고지서, 청포도 사탕 봉지도 자연스럽게 들어간다. 거실에 떨어진 머리카락이나 카펫 위의 먼지 조각도 휴지에 싸 넣는다.

하지만 무엇보다 앞치마 주머니가 나에게 가장 중요한 이유는, 쓸데없는 감정들을 담아 둘 수 있기 때문이다. 아침부터 들은 불쾌한 말, 실수에 대한 자책, 어제의 후회, 내일의 걱정까지 모두 주머니에 구겨 넣는다. 그러다 기분이 좀 나아지면 창문을 활짝 열고, 앞치마를 탈탈 털어 바람에 날려 보낸다. 그러고 나면 주머니도 마음도 한결 가벼워진다. '됐어, 이제 다시 시작해 보자!' 하는 앞치마의 격려가 들리는 듯하다. 어쩌면 그것이 있기에 무너지지 않고, 다시 나다운 모습으로 일상을 마주할 수 있는 것인지도 모른다.

우리는 저마다의 방식으로 삶의 무게를 견디며 하루를 살아간다. 때로는 버겁고 무거워도, 그 안에는 우리만의 온기와 이야기가 배어 있다. 나에게는 앞치마가 그렇다. 지친 마음을 감싸안고, 흐트러진 삶을 다시 묶어주는 조용한 끈. 그 끈을 질끈 동여매며, 오늘도 나를 다잡는다. 그렇게 하루를 살아내고, 또 다른 하루 앞에서도 조용히 앞치마 끈을 고쳐 맨다.

하이힐과 돋보기

떨어졌다.
 ○○문화재단 출판 지원금 선정 결과였다. 기대하지 않으려 애썼지만, '혹시….' 하는 마음을 끝내 버리지 못한 내가 민망했다. 마음은 참 정직했다. 허튼 욕심이 아니었다고 믿고 싶지만, 막상 결과 앞에서는 모든 게 욕심이었구나 싶었다. 내가 부족했고, 준비가 허술했다. 씁쓸한 마음을 눌러두고, 오늘도 주기도문 외우듯 말한다.
 "주제 파악하며 살자."

 사람들이 내 나이를 듣고 놀란다.
 "전혀 안 그렇게 보여요!"
 천만에! 내 마음속 나이는, 아직도 삼십 대와 사십 대 그 어딘가에 멈춰 있다. 정신 차리자고 다짐하지만, 착각은 늘 주제 파악보다 한발 앞선다. 안부를 전해온 동인회 회원의 전화에도 괜히 예민해진다. 그 사람의 의도가 의심스러워지고, 다시는 전화하지 않았으면 싶어진다. 오랜 동료의 농담에도 괜히 발끈하게 된다. 물론 나를 '여자 사람'으로 취급한다는 걸 알면서도, 나는 여전히 '여자'다. 친절하게 지냈던 이웃집 할아버지와는 눈도 맞추지 않고 마지못해 꾸벅한다. 늙어가면서 이상하게 늙은 사람이 싫다. 멋진 신사였던 그분을 외면하다니, 참 얄궂다.

백화점 매장의 섹시한 옷 앞에서 한참을 서성이고, 명품 킬힐 앞에선 눈이 반짝인다. 한 달짜리 성지 순례 프로그램엔 엉덩이가 들썩이고, 고가의 뉴욕 미술관 투어에는 군침이 돈다. 딸아이가 문화센터의 멋진 프로그램을 자랑하기라도 하면, 나도 모르게 "나도 한번 해볼까?" 들뜬다. 마치 딸 또래라도 되는 양.

어쩌다 타게 된 전철. 무료승차권(G-PASS)을 사용하면서도, 노인석은 외면한 채 당연하게 일반석에 앉는다. 젊은이들 자리를 뺏었다는 사실조차 인식하지 못한 채, 무심히 창밖을 본다. 가끔은 나조차 내가 몇 살인지 헷갈린다.

"예뻐요."

그 한마디에 괜히 으쓱해진 나는, 전철에 올라서도 입꼬리를 살짝 올린 채 우아하게 손잡이를 잡는다. 마음이 들떠 발

끝에 힘이 실리고, 오늘따라 내 그림자조차 가벼워 보인다. 그러나 문득, 전철 유리에 비친 내 몰골을 보곤 피식 웃음이 새어 나온다. 옆엔 생기 넘치는 아이가 서 있다.

반사된 유리에 비친 우리 둘의 투 샷을 보는 순간, 내 입꼬리는 사르르 내려간다. 현실은 늘 내 편이 아니다. 20여 년 전 입던 옷을 꺼내 입고, 그 시절의 나라도 되는 양 발걸음에 탄력을 실었건만, 착각은 늘 잠깐이다.

아들이 보는 영화잡지를 슬쩍 뺏어 들고 눈에 바짝 갖다 대 보지만, 그림인지 글자인지 모를 흐릿한 인쇄물 속에서, 결국 돋보기를 찾는다. 늦은 나이에 박사학위를 땄다는 지인의 소식에도, 부러운 마음에 시기심이 피어나고 누가 책을 냈다 하면 '그깟 거, 나도 하면 하지.' 괜히 허세를 부려본다. 문학상 작품을 읽으며 소설가를 꿈꾸어 보기도 하고, 기타를 배우며 포크송 가수도 그려본다.

동네에 새로 단장한 햄버거 가게에 들어갔다. 가끔 사용하는 키오스크는 마치 처음 보는 악보를 연주하듯 손이 어색해진다. 새우버거 세트를 골랐는데 단품만 찍혔다. 순간 당황했다. 다시 시도하다가 샐러드를 추가하고, 물 한 컵까지 더해졌다. 앱 쿠폰은 로그인부터 막히고, 화면은 자꾸 딴청을 부린다. 뒤에 줄 선 젊은이가 힐끔거리는 바람에, 쩔쩔매던 나는 결국 종업원의 도움을 받았다. 고작 햄버거 하나 시키는 데 왜 이렇게 진이 빠질까. 세상은 분명 나보다 한 발 더 빠르다.

아이스 아메리카노를 마시고 기침하고, 하이힐을 신고 나섰다가 낭패를 본다. 읽었던 책 제목조차 생각나지 않아 대화가 끊기고, 식사 후 이쑤시개가 없으면 입을 벌리지 못한다. 주제 파악은 늘 뒷전이고, 오늘도 착각 속에 산다.

나이가 들었어도 사람은 여전히 꿈꾸고 싶고, 배우고 싶고, 웃고 싶어 한다. 젊음을 잊은 걸까? 아직도 그 시절의 감각을 놓지 않은 걸까? 늙는다는 건, 단순히 나이를 먹는 일만은 아닌 듯하다. 어쩌면 어느 순간, 착각 속에 멈춰 선 채 살아가는 일인지도 모른다.

서글프게도, 나이는 잊을 수 있어도 관절은 나이를 기억한다.

노인이 슬픈 건, 마음이 늙지 않아서라는데….

나는 여전히 질투하고, 꿈꾸고, 헤맨다. 착각이라 해도, 그 안에서 나는 여전히 숨 쉬고 있으니까.

라면의 반란

"얘들아, 컵라면은 그냥 먹는 게 아니야. 바닥에 내려놓고, 절대! 가랑이 사이에 끼지 마라. 철칙이다!"

매년 수학여행 안전교육 때마다 빠뜨리지 않는 말이다. 아이들은 '에이~ 무슨 말도 안 되는 소리야!' 하며 웃지만, 나는 늘 진지하다. 그 말속에는 식은땀과 당황, 그리고 뜨거운 라면 국물이 뒤섞여 있는, 내 인생 최악의 밤에 대한 교훈이 들어 있다.

교감 승진 후 첫 발령지는 시내 중심의 여자 중학교였다. 정신없는 신학기가 지나고, 중간고사가 끝나자, 2학년 10개 반, 450여 명이 2박 3일 수학여행을 떠나게 되었다. 목적지는 설악산이었다.

"이번 수학여행 인솔 책임자로 교감선생님께서 수고해 주세요."

교장선생님의 말에 사명감과 함께 묵직한 긴장이 밀려왔다. 담임일 땐 내 반만 챙기면 되었지만, 이번엔 전 학년과 교사들까지 대부대를 이끄는 자리. 교감 데뷔전이자 실전 첫 무대였다.

'멋지게 해내자.'라는 각오로 준비에 돌입했다. 학년 부장과 함께 현장 답사를 다녀오고, 침구 상태, 매점 위생, 화재 대피로까지 꼼꼼히 점검했다. 학생용 유인물, 비상 매뉴얼, 교통안전 자료 등도 제작해 배부했고, 마지막으로 담임교사의 학급별 점검까지 마쳤다. '이 정도면 됐지!' 싶었지만, 인생은 늘 준비한 곳이 아닌, 예상치 못한 틈새를 파고든다.

사건은 여행 둘째 날 밤 11시경 발생했다. 취침 점검을 끝내고, 불침번 교사들과 커피 한 모금 마시려던 찰나, 복도 끝에서 날카로운 비명이 들렸다.

"으아아아아악!"

우리는 용수철처럼 튕겨 나갔다. 맨 끝 객실이 아수라장이 되어 있었다. 바닥엔 김이 모락모락 피어오르는 국물과 엎질러진 컵라면 면발이 흩어져 있었고, 방 한가운데, 얇은 반바지를 입은 아이가 붉어진 손으로 아랫도리를 감싸며 울부짖었다.

"쌤…. 여기 데었어요오…."

반사적으로 외쳤다.

"어서 벗자!"

그러자 아이는 더 큰 목소리로 소리쳤다.

"에이 정말! 어떻게 벗어요!"

"선생님이나 벗어요!"

아이들로 가득 찬 방 안, 숨죽인 콩나물시루처럼, 눈동자들이 일제히 한 곳을 향했다. 아차 싶어 얼른 아이를 화장실로 데려갔다. 문을 닫고 조심스럽게 옷을 벗긴 뒤, 찬물로 씻기며 화기를 식혔다.

"아…. 여기가 얼얼하고 너무 아파요…."

얇은 핫팬츠 차림으로 뜨거운 물을 부은 컵라면을 가랑이 사이에 끼운 채 불리던 중이었다. 급하게 들어오던 친구가 발에 걸려 그대로 엎어졌고, 컵라면은 정확히 사타구니 부위에 쏟아졌다. 뜨겁고 끈적한 국물에 화상을 입은 것이다.

그 말을 듣는 순간 나는 병원에 가는 것만이 최선이라는 생각이 들었다. 남자 체육 교사가 운전하고 여교사 둘이 동행하기로 했지만, 아이는 단호하게 말했다.

"저…. 남자 선생님이랑은 안 가요."

그제야 알았다. 중2 여학생에게는 고통보다 창피함이 더 큰 고통이라는 것을. 결국 119를 불렀다. 사이렌을 울리며 구급차가 도착하자, 아이들은 창가에 코를 박고 웅성댔다.

"야야야, 누구야, 누구야?"

한밤중의 소동은, 작은 초상집처럼 침통하고도 소란스러웠다. 다행히 병원 진단 결과는 1도 화상. 겉 피부에 물집 몇 개, 속살은 살짝 덴 정도였다. 다음 날 부모님이 오셨고, 아이는 귀가해 치료받았다. 큰 후유증 없이 잘 회복됐다.

그날 이후, 학교 수학여행 시즌이 되면 '짬지 보호 교육'이라는 말이 돌았다.

"짬지 보호 교육은 필수야!"

"그 사건? 전설이지, 전설!"

깜찍한 중2들이 만들어 낸 용어를 사용하며 아이들이 웃고, 선생님들도 재밌어했다. 그땐 아찔했지만, 지금은 웃으며 이야기할 수 있는 추억이 됐다.

가끔 수연이가 떠오른다.

"수연아, 잘 지내지? 뜨거운 물은, 정말 조심하자."

교단을 떠난 지금도, 그날 밤의 소동은 또렷하다. 아이의 울음소리, 컵라면 냄새, 얼얼한 얼굴…. 그리고 나에겐 하나의 습관이 남았다. 지금도 컵라면을 먹을 땐, 허리를 세우고 두 손으로 그릇을 든다. 다리는 가지런히 모으고, 마음은 늘 조심조심. 어린 제자가 남긴 조용한 가르침이다.

"뜨거운 물 앞에선, 누구나 겸손해야 한다."

외로움은 가고 고독이 찾아왔다

　창밖엔 먹구름이 무겁게 드리워 있다. 남편이 떠난 후, 나의 시간은 산산조각 났다. 어떤 날은 모든 것이 꿈처럼 아득했고, 또 어떤 날은 현실의 무게가 숨통을 조여 왔다. 나는 멈춰버린 필름 속 인물처럼 제자리에서 맴도는 듯 어질어질했다. 하루가 지나면 또 다른 하루가 덮였지만, 나는 여전히 삶의 방향을 잃은 채였다.
　딸은 내게 뭔가를 쥐어주고, 보여주고, 일거리들을 물어다 놓으며 연신 곁을 맴돌았다. 그 덕에 나는 어느새 책을 들고 앉아 있었다. 조금씩 재미가 생기자, 장르를 가리지 않고 읽었다. 특히 백수린 작가의 《아주 환한 날들》에 나오는 70대 주인공 옥미 씨는 내게 친숙하게 다가왔다. 그녀의 단정하고 규칙적인 일상은 오히려 당당하고 매력적으로 느껴졌다. 남편이 떠난 후에도 6년째 혼자 라디오를 들으며 청소하고, 요일마다 집안일과 수업을 정해놓고 반복하는 삶. 무미건조해 보일 수도 있지만, 그 일관성과 단단함이 오히려 부러웠다.

나 역시 비슷한 시간을 지나고 있었다. 퇴직했고, 남편은 떠났고, 이제 글쓰기를 배우기 시작했다. 그녀가 과거에 생존을 위해 과일 장사를 했던 것처럼 나도 긴 시간 직장에 매달렸다. 그래서인지 옥미 씨가 혼자서도 잘 살아내는 모습이 더욱 인상 깊었다. 그녀의 딸에게 느끼는 미안함도, 혼밥 하는 장면의 쓸쓸함도 모두 내 감정의 연장선 같았다.

어느 날, 소설 속 강사가 글을 쓰지 못하는 옥미 씨에게 말했다.

"마음을 들여다보세요."

옥미 씨는 속삭이듯 되뇌었다.

'마음을 들여다보는 건 무서워. 너무 무서워.'

그 대목에서 나는 문장에 빨간 줄을 그으며 오래도록 들여다봤다. 살아온 삶의 몇몇 장면들은 쉽게 꺼낼 수 없는 흉터처럼 남아 있다. 애틋하면서도 부끄러운 기억들, 채 아물었는지조차 알 수 없는 감정의 잔재들은 내 안에 깊이 박혀 있었다. 타인에게 드러내고 싶지 않은 그 마음과 마주하는 것은 결코 쉬운 일이 아니었다.

우리의 뇌는 불편한 기억을 지우려 한다지만, 그 지워진 자리에 남은 감정들은 여전히 무거운 짐처럼 나를 짓눌렀다.

표현되지 못한 감정들은 마치 실어증에 걸린 듯 입안에서만 맴돌 뿐, 밖으로 나오지 못했다. 기억은 품고 있는 것만으로 추억이 되지 않는다. 꺼내는 법을 모르면, 그저 가슴속 흉터일 뿐이다. 그 흉터들은 잡힐 듯 멀고, 향긋한 풍선껌 같기도, 시큼한 토사물 같기도 한 묘한 냄새를 풍긴다.

반 고흐는 말했다.

"고독은 용기를 잃게 하는 것이 아니라, 자신을 위한 활동을 창조하는 힘이다."

하지만 나의 예술적 자아는 아직 고독에 이르지 못하고, 외로움 속에 주저앉아 있었다.

소설 속 옥미 씨는 사위가 맡기고 간 앵무새를 번거로워했다. 혼자 사는 삶에 익숙했기 때문이다. 그러나 그 앵무새는 그녀에게 잊고 있던 감정들을 되살려주었다. 돌보는 동안 그녀는 자신의 유년 시절과 딸의 어린 시절을 떠올렸고, 마음에 온기가 돌았다. 그러다 어느 날, 앵무새는 깃털 하나만 남기고 딸의 집으로 되돌아갔다.

그 순간, 옥미 씨는 비로소 글을 쓴다.

"앵무새가 갔다."

첫 문장을 지우고 다시 쓴다.

"앵무새가 가버렸다."

나의 글쓰기도 어쩌면 그 앵무새 기르기와 닮아 있다. 낯설지만 떨리는 마음으로 단어를 고르고, 밥 짓기 전 쌀 속 돌멩이를 골라내듯 문장을 다듬는다. 그렇게 진심을 담은 글을 쓰다 보면, 내 마음속의 닫힌 창이 나팔꽃잎처럼 열릴지도 모른다.

좋은 글을 쓰기 위한 노력과 정성은 앞으로 내 삶이 되겠지만, 나는 서두르지 않을 것이다. 잘하려 욕심내지 않는 느긋함은 게으름이 아니다. 마음을 들여다보고, 따뜻한 이웃에 감사하며, 주어진 시간을 성숙하게 받아들이는 것. 그것이 괜찮은 인생 아닐까.

어쩌다, 불러주는 옛 동료와 점심을 함께하며 근황을 나누는 시간이 좋고, 왁자지껄한 조카들의 초대에 감사하며 수다를 떠는 시간도 좋다. 악착같은 삶은 내려놓고, 수선스럽지 않은 일상을 살아가는 지금이 나는 좋다.

혼자만의 시간. 외로움이 아닌 고독이 찾아온 옥미 씨는 결국 수필을 완성했을까?

마파람이 부는 저녁, 오렌지빛 석양이 아름답다.

입안 가득한 그리움

　11월 마지막 주 토요일, 딸과 함께 강화도에 있는 '바람숲 도서관'을 찾았다. '도서관 스테이'도 운영하는 곳이라 하루 묵기로 했다. 늦가을이 떠날 채비를 서두르며 다가오는 겨울과 맞닿아 있던 날, 알싸한 공기 속에서 섬은 한층 더 청량했다. 깊은 숲으로 이어지는 마을의 고즈넉한 풍경은 책보다 마음에 더 집중하게 했다. 낯선 공기 속에서 감정이 열리고, 고요한 숲은 나를 감성의 결로 이끌었다.
　유튜브 〈김지윤, 전은환 롱테이크〉에서는 '가을 여행'을 주제로, 함께 듣기 좋은 플레이리스트를 이야기하고 있었다. 여러 음악 이야기 중, 전은환이 애창곡으로 나훈아의 〈홍시〉와 〈사내〉를 소개했다. 무심코 듣던 내게 '홍시'라는 단어가 가슴속에 퍽, 하고 박혔다. 오래 묻어두었던 감정의 조각 하나가 툭, 건드려진 것이다. 유튜브를 멈추고, 〈홍시〉를 찾아들었다. 할 말이 없을 정도로, 그냥 감동이었다. 반복적이고 단순한 멜로디, 아이처럼 솔직하고 직설적인 가사였지만, 그 안에 담긴 감정은 절대 단순하지 않았다.

"생각이 난다. 홍시가 열리면 울 엄마가 생각이 난다."

"자장가 대신 젖가슴을 내주던 울 엄마가 생각이 난다."

울컥하는 감정에 머릿속이 먹먹해졌다. 가슴이 저릿하고 코끝과 눈가가 시큰거렸다.

감은 아버지의 최애 간식이었다. 가을이면 어김없이 엄마는 여러 종류의 감을 사 왔다. 추석이 지나고 선선한 바람이 불기 시작하면 아삭하고 달콤한 단감을 식탁에 올려놓았고, 겨울이 가까워지면 큼지막한 대봉감을 사다 홍시를 만들었다.

홍시는 각기 다른 속도로 익어간다. 하루에도 몇 번씩 살펴보며 가장 잘 익은 홍시를 골라내는 일이 작은 즐거움이었다. 두 손으로 조심스럽게 움켜쥔 감의 꼭지를 입으로 물어뜯고, 얼굴을 그 감에 묻듯 파고든다. 입안 가득 차오르는 달콤하고 촉촉한 속살. 한 모금, 또 한 모금. 젖을 빠는 아이처럼 욕심껏 쭉쭉 빨아들인다. 달콤하고 부드러운 감즙이 술술 목을 타고 흘러내린다. 다 먹고 나면 숟가락을 들어 남은 과육까지 싹싹 긁어먹는다. 텅 빈 껍질을 혀끝으로 살짝 훑던 기억-. 지금 떠올려도 단물이 고이는 기분이다.

하얀 눈이 소복이 쌓이던 겨울방학이면, 꼬들꼬들 말린 호박꽂이와 곶감을 넣어 호박 설기떡을 만들어 주셨다. 계피 향으로 온 집 안을 들썩이게 했던 수정과 속 곶감도 빼놓을 수 없다. 몸이 약했던 아버지를 위해 보양식과 별식을 준비하느라, 평생을 부엌에서 보내셨다.

그래서였을까. 엄마는 치매로 기억을 잃어가면서도 감은 잊지 않았다. 막상 드시지는 않았지만, 병원에 갈 때마다 침대 밑에 숨겨둔 곶감을 내미셨다. 흰 깃털이 날리고 까만 곰팡이로 뒤덮인 뭉그러진 곶감을 내 손에 쥐여 주며, '아무도 모르게 혼자 먹어라.' 이가 없는 입술로 당부를 잊지 않으셨다. 아마도 그 단맛 하나가, 엄마가 마지막까지 붙잡고 싶었던 세상의 맛이었을 것이다.

가시지 않는 먹먹한 마음으로 유튜브를 다시 켰다. 그들의 수다는 계속되고 있었다. 〈홍시〉는 2006년, 나훈아가 음악 인생 40주년을 맞아 발표한 곡이었다. 같은 해, 대한민국 가요계의 중심은 슈퍼주니어였다. 반짝이는 아이돌 그룹들이 무대를 장악하던 시절. 하지만 20년이 지난 2025년, 그 시절 아이돌들의 이름은 희미해졌고, 나훈아의 노래는 여전히 많은 이의 사랑을 받으며 리메이크되고 있다고 했다. BTS 정국이 부른 〈홍시〉를 요즘 아이들도 좋아한다고 했다.

그러다 북한의 청소년들이 몰래 〈사내〉를 부르다 끌려갔다는 이야기가 이어졌다. 순간 웃음이 났다가, 가슴이 먹먹해졌다. 그 아이들이 가사를 온전히 이해했든 아니든, 분명히 느낀 것이 있었을 것이다. 나훈아의 노래는 그렇게 국경도, 세대도 뛰어넘고 있었다. 나는 〈홍시〉와 〈사내〉를 두 번 더 들었다. 단순한 듯한 가락은 가슴을 뭉클하게 울렸고, 그 울림은 깊고도 진했다. 나에게 〈홍시〉는 명곡이었고, 클래식이었다.

멈춰 놓았던 유튜브를 다시 켜자, 그에 대한 찬사가 이어졌다. 나훈아 콘서트는 '광클릭' 없이는 표를 구할 수 없을 정도였고, 그의 노래마다 삶의 희로애락이 고스란히 담겨 있었다. 무대마다 혼신을 다하는 열정, 관객을 향한 깊은 애정, 그리고 자기 음악에 대한 자부심과 진정성이 세대를 초월해 사람들의 마음을 울린다는 이야기였다. 진짜 노래꾼의 저력이 고스란히 전해졌다. 나에겐 신선하고, 색다른 위안이었다.

그날 밤, 〈홍시〉를 자장가 삼아 눈을 감는 순간, 나는 비로소 깨달았다. 트로트든 클래식이든, 누군가의 마음을 움직인 순간부터, 그것은 예술이라는 것을.

단맛은 사라졌지만, 입안에 여전히 엄마가 남아 있듯이….

아직, 끝나지 않았다

　대학 시절, 포크송 가수들의 통기타 연주가 멋져 보여 기타를 샀지만 오래가지 못하고 포기했다. 그 '짧았던 포기'에 대한 미련이 남아 있었을까? 두 번째 기타를 구매했다. 하지만 거실 구석의 기타도 나 자신도 초라하게 먼지만 쌓여가고 있었다. 결국 딸의 도움을 받아 기타 선생님을 구했다. 이일화 선생님! 수업 이틀 전, 전화가 왔다. 조심스러운 목소리로 레슨을 한 주만 미뤄도 괜찮겠냐고 물었다.
　"제가… 쌍꺼풀 수술을 받으려구요."
　시작부터 어딘가 귀엽고 사랑스러운 느낌이었다. 하얀 얼굴에 부기가 채 가시지 않은 눈, 카스텔라 같은 포동포동한 몸을 흔들며 헉헉대면서도 커다란 기타 케이스는 아기 대하듯 조심스럽다. 실용음악과를 갓 졸업한 20대 초반의 그녀는, 잠에서 덜 깬 듯한 목소리로 '어쩌죠….'라며 종종 늦잠을 고백했다.

하지만 수업만큼은 언제나 생기와 활력이 넘쳤다. 타부 악보 읽는 법부터 다양한 코드와 주법, 카포 사용법에 이르기까지, 나의 포기를 막으려는 듯 항상 칭찬을 방향제처럼 끝없이 뿌려대며 나를 이끌었다. 내가 음악과 출신이라는 사실도 모른 채, 단지 악보 하나 잘 읽는다는 이유로 '선생님, 천재 같아요!'라며 깔깔 웃던 모습은 순수한 소녀였다.

나는 '음악과를 나왔음에도 똥손'이라는 부끄러운 진실을 삼키며 그녀를 따라 웃어야 했다. 머릿속으로는 유려한 선율이 분명하게 흘렀고, 입으로는 멜로디를 흥얼거렸지만, 내 손가락은 코드를 무시한 채 괴이한 소리만 만들어 낼 뿐이었다. 나이가 들수록 관절은 굳고 반응은 느려져, 악기를 든 내 손은 점점 '똥손'이 되어가고 있었다. 설상가상으로 날로 달아나는 기억력 탓에, 코드 하나 외우는 것조차 쉽지 않았다. 그럼에도 그녀는 한결같이 나의 '긍정의 여신'이 되어주었다.

"언젠가 꼭 선생님과 무대에서 듀엣 하고 싶어요!"

그 설레는 약속을 뒤로한 채, 그녀는 좋은 기타 하나를 선물처럼 소개하고 유학길에 올랐다.

나 홀로 기타 연습은 쉽지 않았다. 두 번째 선생님을 만났다. 그녀는 예고를 졸업하고 독일에서 유학한 클래식 기타 전공자다. 빠른 말투와 작은 체구의 그녀는 국내 오케스트라 단원을 꿈꾸는 40대의 기혼 여성이다. 노련하고 자연스러운 강의 스타일에는 수많은 경험에서 우러난 깊은 신뢰가 묻어났다. 체계적이고 학생 중심적인 수업, 거기에 열정과 자부심이 배어 있는 침착한 태도에서 단순한 강사를 넘어선 예술가의 면모를 보였다.

그 프로페셔널한 분위기에 매료된 나는 어느새 레슨에 경건한 의식처럼 참여했다. 나아가 그녀의 격에 맞는 학생이 되어야 한다는 의무감에 사로잡혔다. 완벽한 연습으로 보답하는 것만이 그녀의 흐트러진 예술가적 자존심을 지켜주는 유일한 응원이라 여겼다. 하지만 내 음악 이론 지식은 아무런 도움이 되지 않았다. 악보의 음 하나하나가 머릿속으로는 선명하게 그려지는데도, 막상 손가락은 어제 익힌 코드조차 헷갈려 기타 여섯 줄 위에서 갈피를 잡지 못했고, 그 선율을 제대로 따라가지 못했다. 결국 과제를 완벽히 해내야 한다는 중압감에 눌리기 시작했다. 연습은 집중이 아닌 강박이 되었고 레슨 날이 다가오는 것이 두려워졌다.

"많이 어려운가요?"

그 한마디에 정신이 번쩍 들었다. 그저 순수하게 나의 어려움을 걱정하는 그 눈빛에서, 그녀의 삶을 맘대로 재단했던 나의 시선이 얼마나 경박했는지 깨달았다. '최고의 과정을 밟은 고급 인력이 고작 초보자를 위한 방문 레슨이라니….' 그것은 존중을 가장한 오만이자, 위로를 빙자한 동정이었다.

감히 타인의 예술적 여정을 내 기준으로 판단했던 속물적인 잣대에 얼굴이 화끈했다. 부끄러웠다. 어쩌면 그녀는 레슨을 통해 음악을 나누는 순간, 순간에 충만한 의미를 찾고 음악과 함께하는 삶 자체에 자부심을 느끼는지도 모른다. 아직 오케스트라 무대에 오르지 못한 이 악기를 그녀는 오늘도 묵묵히 품고 있다. 매번 직접 악보를 편곡해 오고, 왕초보인 나의 작은 진전에도 진심 어린 기쁨을 보여주는 그녀를 보며, 나는 알았다. 그녀는 전공을 '가르치는' 사람이기보다, '지켜내는' 사람이라는 것을.

"기타는 사람의 심장 위에서 연주되는, 인간의 따스한 감정을 가장 잘 표현할 수 있는 악기입니다."

그녀의 설명은 어쩌면 그녀 자신의 고백이었는지도 모른다. 나의 기타 연주도 정복해야 할 과제가 아니라, 고단한 글쓰기 여정에서 언제든 기댈 수 있는 따뜻한 휴식처가 되어주리라는 것을 알았다. 부드럽고 깊은 결의 부르고뉴 벨벳 같은 그녀다. 오래 함께할 것 같은 예감이다.

아직, 끝나지 않았으니까.

고발합니다

 나는 오늘, 나의 주인을 고발합니다.
 주인은 나를 '마른행주'라 부릅니다. 하지만 나는 언제나 2/3 이상 축축하게 젖어 있습니다. 나는 부모도 고향도 모릅니다. 다만 5개월 전, 롯데마트 지하 2층 주방용품 코너에서, 청량한 조명 아래 나름 행주계의 아이돌을 꿈꾸며 살았습니다. 가로 28cm, 세로 27cm의 단아한 몸매와 순면 특유의 포근함을 뽐내며 당당했던 나였지요.
 7월 초, 어느 토요일 오후였습니다.
 "딸아, 이 청색 바둑판무늬 깔끔하고 시원하지? 순면이라 위생적일 것 같아. 우리 마른행주로 쓰자."
 그 한마디에 나는 쇼핑카트에 던져졌습니다. 아아, 그 순간부터 내 인생은 빨랫줄처럼 꼬여버렸지요. 주인의 집에 도착하자마자, 나는 싱크대 서랍 손잡이에 대롱대롱 매달렸고,

그날 이후, 나의 삶은 주 3일 근무제로 개편되었습니다.

쌀 씻고 닦고, 양파 씻고 닦고, 갈치 손질하고 닦고. 하루 평균 10번 이상, 내 몸 구석구석에 물기와 냄새가 스며듭니다. 곧 나는 온갖 음식물 냄새로 울렁거렸습니다. 깨끗하고 깔끔했던 내 태생으로서는 이 상황이 너무도 참혹했지만, 참고 견뎠습니다.

그러나 오늘은 최악이었습니다. 오후 4시경, 주인은 오랜만에 집에 오는 아들의 저녁상 준비로 분주해졌습니다. 집 앞 마트를 외면하고, 대형 마트까지 원정을 떠났지요. 카트 가득 장을 보고 돌아온 주인은 차 한 잔 마실 틈도 없이, 오이, 깻잎, 딸기, 참외, 생오징어, 꼬막, 생갈비, 자반고등어…. 식탁 위에 수북이 쌓인 식재료들을 하나하나 정리하기 시작했습니다.

과일 씻고 손 닦고, 깻잎 씻고 손 닦고, 생선 씻고 또 손 닦고. 그렇게 또 씻고, 닦고, 씻고, 닦고…. 그때마다 나는 식은땀을 흘리듯 축축해졌고, 비린내, 과일 향, 채소 향이 뒤섞인 정체불명의 끈적거림에 숨이 턱 막혔습니다. 거센 바람에 유리창이 덜컥이듯 내 몸은 덜덜 떨렸고, 속은 뒤집어져 막걸리에 삭힌 홍어를 먹고 체했을 때처럼 토할 것만 같았죠. 아무리 좋은 향수도 여러 향을 마구 섞으면 독이 되는데, 하물며 생선 만진 손, 과일 만진 손, 채소 만진 손으로 나를 수십 번 쓸고 닦았으니…. 결국 나는 딸기 향을 품은 오징어요, 참외 냄새가 밴 자반고등어가 되었습니다.

온갖 냄새가 겹겹이 뒤섞인 나는 이제, 그야말로 질식 직전의 상태가 됩니다. 본인 같았으면 진작 뜨끈한 물에 몸을 담그고 깨끗이 씻었겠지요? 하지만 주인은 주 3일 근무를 채우기 전까지 나를 방치합니다. 부지향취(不知香臭), 역지사지(易地思之). 주인은 그런 말들을 모릅니다. 참 이기적이고 얄미운… 암고양이 같아요.

이럴 때면 에어컨이 빵빵하던 그 매대 위의 평화가 그립습니다. 〈쇼생크 탈출〉의 주인공이 왜 그렇게 울었는지 이제야 알 것 같습니다. 그러나, 견디다 보면 끝은 오는 법. 드디어 마지막 3일째, 나는 수건들과 함께 세탁기에 던져집니다. 세탁기가 돌아갑니다. 미지근한 세제 속을 뱅글뱅글 돌며, 나는 묵은 냄새를 하나하나 씻어냅니다. 헹굼 때는 신선한 물살이 온몸을 쓸고 지나갑니다. 마지막 펄펄 끓는 양은솥에서는 뜨거운 찜질을 받습니다. 모공 하나하나가 열리는 듯한 해방감이 밀려옵니다.

마지막으로 맑은 물에 몸을 헹구고, 나는 베란다 양지바른 빨랫줄에 걸립니다. 햇살은 따가웠고, 바람은 상쾌했습니다. 이틀 동안, 나는 햇볕과 바람을 먹으며 다시금 순백의 나로 돌아왔습니다. 끈적한 기운은 사라지고, 뽀송뽀송하고 산뜻한 내 본래의 냄새가 돌아왔습니다. 아, 살 것 같습니다. 이 맛에 사는 거지요. 나는 하늘을 올려다봅니다. 햇살이 눈부십니다. 살아 있다는 것이 이렇게 기분 좋은 일이라니!
'그래, 인생 별거 있나. 이 맛에 사는 거지!'
다시 마음을 고쳐먹고 싱크대 서랍에 매달려 해롱거립니다.

보름달 카스텔라

 1월 14일은 내가 시집가던 날이다. 그날은 어쩌면 세상에서 가장 하얀 날이었다. 건물도, 사람도, 나무도, 하늘도 죄다 눈을 뒤집어쓰고 있었다. 마치 세상이 순백의 이불을 덮고, 고요한 혼례를 축복해 주는 듯했다.

 우리의 신혼여행지는 제주도였다. 아직 학생이던 남편 대신 시누가 마련해 준, 눈물겹도록 고마운 선물이었다. 그러나 정작 그 항공권은 손에 쥐어보지도 못했다. 눈이 너무 많이 와 비행기는 뜨지 않았다. 황망한 우리는 '제주가 안 된다면, 좀 따뜻한 곳으로 가보자.'라는 심정으로 무작정 부산행 열차에 몸을 실었다. 따뜻할 것 같다는 근거 없는 희망 하나를 믿고.

 부산역에 도착하자마자 희망은 날아갔다. 바닷바람은 매서웠고, 역 광장의 유리문은 찬바람에 맞서 덜컹거렸다. 웅크린 자세에 커다란 가방 하나씩. 신혼부부라기엔 너무나 퍽퍽하고, 피난민이라기엔 너무 많이 웃고 있었다. 그때였다. 택시 한 대가 광장으로 미끄러지듯 들어왔다. 남편은 마치 슈퍼 히어로처럼 뛰어가 차 앞을 막아섰다.

"신혼부부입니다! 좋은 호텔로 부탁드려요!"

자신감 100%, 지갑은 0%의 표정으로.

운전기사는 피식 웃더니,

"좋은 때요."

하고는 한참을 달려 사방이 바다로 둘러싸인 근사한 호텔로 우리를 데려다주었다. 입구에 들어서자 눈이 부셨다. 오방색 치마저고리를 곱게 차려입은 직원들이 살랑이며 우리를 맞았다. 로비는 휘황찬란했고, 창가에는 외국인 손님들이 겨자색 응접세트에 기대어 담소를 나누고 있었다. 나는 로비 입구 구석에 조용히 서 있었고, 남편은 씩씩하게 프런트로 향했다. 한참 얘기하던 남편이 갑자기 쪼르르 돌아왔다.

"가자!"

"응?"

"그냥… 가자!"

호텔 밖은 눈보라가 휘몰아치는 시베리아 같은 추위와 철썩대는 파도의 바다가 우리를 기다리고 있었다. 바닷가 추위가 온몸을 파고들었다. 이 갑작스러운 상황과, 낯선 호텔 앞에서 방향을 잃고 서성거리던 남편은 내 손을 잡고 무조건 걷기 시작했다. 큼직한 가방은 우리의 걸음을 더디게 했다.

주위는 건물도 인적도 없는 깜깜한 바닷가였고 무서운 파도 소리와 눈보라를 동반한 강한 바람으로 눈조차 제대로 뜰 수 없게 만들었다. 길을 개척하는 사람처럼 허둥거리며 빛을 찾아 나가던 중, 다행히 호텔에서 나오던 택시를 잡았다. 기사님은 우리의 몰골을 보더니 눈치를 챘다는 듯 말했다.

"외국인 상대로 이제 지은 국제 호텔이라… 부담되셨을 거예요."

그 말은 아마, '학생 신랑의 딱한 사정, 눈치챘어요.'라는 뜻이었으리라.

불쌍히 여긴 택시기사님은 남편의 기를 살려 주려 했던지 좋은 호텔을 골라 데려다주었다. 그렇게 두 번째 호텔에 도착했을 땐 자정이 훌쩍 넘어 있었다.

'극동호텔.'

체크인하자마자 객실로 들어섰고, 그 방은 우리의 천국이었다. 뜨끈한 스팀이 뿜어져 나오는 방, 은근하게 따스한 방 공기가 너무 좋았다. 두꺼운 외투도, 짐도 풀지 못한 채 우리는 침대에 쓰러졌다. 한참이 지나 몸이 녹고, 마음이 풀리자, 서로의 얼굴이 보였다.

"장가 한번 들기 진짜 힘들다!"

"시집 한번 가기 어렵네!"

우리는 마주 보며 한참을 웃었다. 그렇게 껄껄 웃으며 하루를 끝냈다.

배가 고팠다. 드레스 입고 아침을 굶고, 인사드리느라 점심을 굶고, 호텔 찾다 저녁을 굶은 신혼부부였다. 다행히도, 어린 조카가 장난 삼아 넣어준 보름달 카스텔라가 가방 속에 있었다.

"이거라도 나눠 먹자."

우리는 반으로 나눠 먹으며 또 웃었다. 참 귀엽고, 따뜻하고, 어설펐던 첫날밤. 그날의 웃음은 서서히 꽃물처럼 번져, 우리 가슴에 잔잔히 피어났다. 결혼 첫날밤의 기억 때문이었을까. 남편은 그 이후로 어디를 가든 늘 최고급 호텔만을 고집하며 대접해 주었고, 덕분에 나는 호사를 누렸다. 마치 그때 잃었던 자존심을 다시는 겪지 않겠다는 듯.

하얀 눈 속에서 시작된 결혼 그 첫날밤, 배고픔 속에서 나누어 먹던 보름달 카스텔라 한 조각은 우리 삶의 달콤한 시작점이었다.

정겹던 소리가 낯설어질 때

　평일 아침, 원적산공원은 잘 꾸며진 요양원처럼 조용하다. 어슬렁거리듯 산책하는 몇몇 노인들이 눈에 띌 뿐이다. 그들은 걸음이 느릴뿐더러 서둘러야 할 이유도 없는 것 같다. 젊은 사람들은 6km 정도의 원적산 둘레길을 걷기 때문에, 공원을 찾는 사람은 주로 연세가 많거나 거동이 불편한 분들이다. 겨울이 깊어질수록 공원의 단골 어르신들은 하나둘 자취를 감췄다. 옹기종기 모여 말없이 앉아 있던 할머니들, 털모자를 푹 눌러쓰고 구부정한 허리로 걷던 할아버지들. 자주 보는 익숙한 얼굴들이지만 서로 눈인사조차 나누지 않았다. 보이지 않으니 궁금하고 허전하다.
　그 빈자리를 아는 듯, 물까치, 직박구리, 참새, 청설모, 들고양이들이 각자의 존재감을 뽐내며 공원을 채운다. 왁자지껄한 울음과 움직임이 적막한 공원에 생기를 불어넣는다. 문득 궁금해진다. 저 새들은 외로워서 우는 걸까? 아니면 외로운 노인을 위해 노래하는 걸까? 새가 울든, 노래하든, 그 모두가 어우러지는 이 풍경이 그저 정겹다.

　어제 온종일 내린 비로 오늘 공원은 더없이 썰렁하고 고요하다. 원적산 등반을 마치고 내려오는 서너 명 등산객의 스틱 소리만이 맑게 울린다. 안개가 가늘고 부드럽게 피어오르는 숲. 나는 공원의 안개에 정체 모를 쓸쓸함을 느끼며 익숙한 산책길, 왼쪽 길로 천천히 걸음을 옮긴다.

　원적산 공원엔 다양한 새들이 있지만, 특히 물까치가 많다. 30~40cm 크기에 새까만 머리, 산뜻한 흰 뺨, 잿빛이 감도는 갈색 깃털, 청아한 하늘빛의 긴 꼬리까지. 오늘도 그 매력적인 물까치 무리를 향해 손짓 인사를 건넨다. 농구장을 지나 몇 걸음 옮기자, 커다란 들고양이 두 마리가 사람들이 만들어 놓은 과일 무더기 옆에서 먹이를 먹고 있다. 아침 햇살 아래 평화로웠다.

　그때였다. 서른 마리가 넘는 물까치의 날개가 갑자기 허공에서 쏟아졌다. 내리꽂히듯, 순간이었다.

　"꺄악! 까르륵!"

　콘크리트 바닥에 쇠붙이를 긁는 듯한 비명 같은 울음소리로 고양이를 에워쌌다. 고양이는 즉시 등을 세우고, 꼬리를 채찍처럼 휘두르며 뒷발을 단단히 고정했다. 몸을 낮추고 어깨를 들썩이며, 등의 근육이 파도처럼 일렁였다. 혀를 한 번 내밀어 코를 훑은 뒤, 앞발을 휘두르며 날아드는 물까치를 쫓아내려 기를 쓰고 있었다. 기습적으로 돌진해 허공을 갈랐다. 하지만 역부족이었다. 앞에서 쪼고 옆에서 휘젓는, 너무 많은 수였다. 결국 고양이는 날카로운 울음소리와 함께 벤치 아래로 도망치고 말았다.

처음 내가 가졌던 염려를 우습게 만들었다. 여린 새가 고양이에게 먹히면 어쩌나 했던 걱정이 황당하게 느껴졌다. 한동안 충격으로 그 자리에 멈추고 말았다. 새들의 모습은 소수를 배제하는 다수의 폭력처럼 느껴졌다.

순간, 2017년 인터넷을 뜨겁게 달궜던 '240번 버스 기사'의 사건이 떠올랐다. 사실 여부가 확인되지 않은 일방적인 엄마의 주장 글에 많은 대중들이 휩쓸려 동참했고 그 결과 기사는 무차별 비난의 화살을 받았던 사건이었다. '진실'이 밝혀지기 전까지, 수많은 익명의 사람들은 정의의 이름으로 한 개인을 끝없이 몰아붙였다. 물까치 떼의 울음소리가, 바로 그날 화면 너머에서 폭우처럼 쏟아지던 댓글처럼, 비겁한 아우성으로 들렸다.

사람이든 동물이든, 살아간다는 것은 이토록 같은 방식으로 투쟁을 반복하는 일일지도 모른다. 어제까지만 해도 정겹게만 들리던 새소리가, 오늘은 낯설게 다가온다. 내일의 공원은 또 어떤 얼굴을 보여줄까. 다수의 소리가 다시 정겹게 들리기를, 그리고 그 소리가 누군가를 짓누르지 않기를 기원해 본다.

삼키지 못한 여름

　소낙비라도 쏟아질까. 비처럼 땀이 흐르고 눈물도 섞였다. 삼복더위 한낮, 펄펄 끓는 기름 속에 야채튀김이 하나씩 던져진다. 치익-. 소리와 함께 노릇노릇 익은 꽃잎 같은 튀김들이 대나무 바구니 위에 쌓인다. 그러나 금세 시들 것 같은 모습에 애가 탔다. 음식을 앞에 둔 그는 소파에 얼굴을 묻은 채, 마치 시간이 멈춘 듯 20분, 30분 꿈쩍도 하지 않았다. 그저 조용히 숨만 고를 뿐이다. 당신의 다리는 바윗덩이처럼 무거워 보였지만, 야위어 지팡이처럼 가늘어지고 있었다. 흔들의자에 앉아,
　"다 잘 될 거야."
　희미한 미소로 버티는 당신. 그 모습은 내게 희망을 주었고, 나는 당신을 뭘 먹여서든 어떻게든 살려야만 했다.
　의사는 단호히 말했다.

"뭘 넣든 삼키라고, 따지지 말고, 이유 묻지 말고, 그냥 삼켜야 산다!"

나는 냄새로 유혹했다. 튀기고, 볶고, 지지고…. 그해 여름 내내 나는 가스불 앞을 떠나지 못했다. 접시마다 음식은 점점 쌓여갔고, 주방 가득 퍼진 냄새는 황홀했지만, 당신은 끝내 삼키지 못했다. 생명줄을 놓지 않으려 죽기 살기로 먹어 보려 했던 무수한 음식은 모두 허망할 뿐이었다. 나는 자학하듯, 때론 수행하듯 불 앞에 서서 제발 한 입만이라도 삼켜 달라고 애원했다.

결국 흰쌀죽, 검은깨죽, 호박죽, 팥죽, 야채죽, 닭죽, 전복죽, 녹두죽, 잣죽…. 셀 수 없이 많은 죽도 끓여냈다.

"죽 장사나 하며 살아야지. 흐흐."

지치고 모든 냄새가 무용해지던 그날, 터져 나온 말이었다. 부엌에는 어지럽게 널린 그릇들로 성이 쌓였다. 그해 여름은, 삼키지 못한 사랑으로 끓어오르던 계절이었다.

흰 눈이 소복이 내리던 1월 초. 그는 눈처럼 조용히 떠나갔다. 가기 싫다고 떼를 쓰듯 바둥거렸지만, 하늘거리는 눈발을 타고 끝내 떠났다.

그가 떠난 뒤, 나는 새로운 감각들과 마주하게 된다.

가끔 생소해서 스스로도 놀랄 때가 있다. 하얗게 삶아 널

어놓은 베갯잇과 이불보가 맨살에 닿을 때의 싸한 감촉, 꿈인지, 생시인지…. 묘지 주변에 소리 없이 피어난 할미꽃, 개망초, 이름 모를 들꽃들, 하늘과 가장 가까운 곳, 탁 트인 산등성의 눈부신 햇살과 시원한 바람. 그 아래, 서늘하고 고요한 직사각형의 대리석 지붕 하나.

당신의 것인가, 둘의 것인가, 아무의 것도 아닌가?

그 여름의 주방.
끓는 기름 속 튀김 하나하나에 실어 보내던 간절한 마음이 이제야 비로소 식어간다.

다시, 배짱을 쓰다

　고백하건대, 저는 퇴직을 앞두고 남편과 함께 거창하진 않아도 설레는 미래를 계획했습니다. 39년을 몸담았던 교단을 떠나던 날, 친정집을 나설 때처럼 아쉬우면서도 오롯이 저만의 시간을 가질 수 있다는 기대감에 부풀었습니다. 새로운 시작은 뜻밖에도 시니어 모델 오디션이었습니다. 알고 지내던 교수님의 권유로 참가했고, 합격까지 했습니다. 하지만 첫 연습을 마친 날, 긴장 탓이었을까요, 편의점으로 뛰어가다 발목을 접질렸고, 새끼발가락 골절 진단과 함께 석 달간 깁스해야 했습니다.
　그렇게 집에만 머물던 금요일 오후, 남편에게 전화가 왔습니다.
　"병원이야. 나 암이래."
　믿기 어려운 말이었지만, 그것은 현실이었습니다. 우리는 암과 싸우는 2인조 특전사가 되었으나, 남편은 1년도 채 되지 않아 제 곁을 떠났습니다.

눈발이 흩날리던 1월 5일의 일이었습니다.

그 후, 저는 아무것도 하지 않았습니다. 뿌연 안개 속을 걷는 듯한 나날이 이어졌습니다. 중학생들과 눈을 마주치며 보내던 수십 년의 교사 생활도, 수도꼭지처럼 눈물이 흐르던 간병의 시간도, 모두 한순간에 멈췄습니다.

그러던 10월 중순 어느 정오, 거실 창밖을 보다 문득 화분들이 눈에 들어왔습니다. 남편이 돌보던 화분들이 10개월 넘게 방치되었건만, 황홀하도록 예쁜 꽃을 피우고 있었죠. 죄책감과 놀라움이 동시에 몰려왔습니다. 남편이 제게 보내준 선물 같았습니다. 베란다로 나가 햇살을 정면으로 마주하자, 눈 부신 빛이 폐허 같은 제 몸 안으로 스며들었고, 선인장 가시처럼 하나하나 박히는 느낌이 들었습니다. 그제야 딸이 건넸던 책들과 광고 전단, 출력물들이 눈에 들어왔습니다. 거실 탁자 위에 수북이 쌓여 있던 것 중 하나, 〈곰 사람 100일 글쓰기 프로젝트〉라는 문화센터 프로그램이 제 눈길을 사로잡았습니다.

문득 깨달았습니다. 가슴속에 먼지처럼 쌓인 말들이 있었고, 숨이 턱 막혔습니다. '그래, 배워서 토해보자.' 그 순간, 저는 침대에서 기어 나왔습니다.

11월 30일 강의 첫날, 저는 당황했습니다. 수강생 대부분이 20~30대 청년들이었거든요. 첫 번째 모임은 건너뛰고, 두 번째 모임에 슬쩍 얼굴을 내밀었을 때, 저는 그야말로 얼어붙었습니다. '아저씨, 아줌마'는커녕, 제 눈에는 생기 가득한 '애들이' 강의실을 메우고 있었습니다. 순간, 얼굴만 화끈거렸습니다.

나이 든 내가 젊은이들에게 불편한 존재가 되지는 않을까, 걱정했습니다. 저는 나이로 굳어진 서열 의식에서 벗어나지 못했거든요. 제가 살아온 세상은 나이가 권위였고, 젊은이들을 아랫사람으로 여기는 질서가 너무나 당연했으니까요. 그런데 그들은 달랐습니다. 나이를 따지지 않았고, 불필요한 부담도 주지 않았습니다. 그저 나를 또 하나의 '문우'로 대해주었습니다. 이름밖에 모르는 사이였지만, 그들의 자유롭고 평등한 태도, 사람을 있는 그대로 존중하는 마음은 내게 깊은 울림을 주었습니다.

그러나 100일간 매일 글을 써야 한다는 것도, 쓴 글을 카페에 올리고 공유하며 댓글을 챙겨야 하는 것도, 모두가 부담스러웠습니다. 강사는 '단 한 줄이라도 좋다. 비교하지 마라. 스스로에게 쓰는 글이다.'라고 끊임없이 격려했지만, 매일 쓴다는 것은 생각 이상으로 벅찼습니다. 토해내고 싶었던 말들은 이미 꼬리를 감추고 있었고, 포기를 수없이 고민했습니다. 교직 생활에서 익혔던 제 성실함과 책임감이 무너지는 듯했습니다.

그러던 어느 날 저녁, 아들이 찬 공기와 함께 거실로 들어섰습니다.

"엄마, 글 쓰고 계세요?"

"응. 숙제."

"그럼, 제가 한 번 읽어봐도 돼요?"

나는 초고를 건넸고, 아들은 쓱 읽더니 되레 물었습니다.

"엄마, 문우들에게 전하고 싶은 게 있었나요?"

"고맙다는 마음을 전하고 싶었지. 이름밖에 모르지만."

"그 고마움이 어떤 건데요?"

젊은 그들이 나를 '문우'로 대하는 순수한 마음에 대한 감사를 전하고 싶었다고 말이죠.

그런데, 아들이 말했습니다.

"엄마, 글이 엄마의 진심에 닿지 못한 것 같아요. 진정한 감동은 엄마의 가장 솔직한 모습, 꾸밈없는 속내를 보여줄 때 느껴지는 것이잖아요!"

그 말에 순간 울컥했습니다. '아니, 내가 얼마나 힘겹게 마음을 파헤쳐 글을 썼는데!' 이 말이 입 밖으로 튀어나올 뻔했지만, 꾹 삼켰습니다. '그래, 인정하자. 내 글은 아직도 저만치 멀었구나. 내 안에 꽁꽁 숨겨둔 감정들을 정약용의 거

중기로라도 끌어올리려 애썼지만, 여전히 밑그림에 불과한지도 모르겠다. 어쩌면 진짜 글쓰기란, 내면을 온전히 벗겨내는 일인지도 모른다.'는 생각이 들었습니다. 언제나 가장 어려운 일이죠. 속으로 되뇌며 다시 다짐했습니다.

"작품이 아니라 훈련이라 했잖아. 그저 뱉어내자."

저는 식탁에 앉아 매일 A4 한 장을 써 내려갔습니다. 허둥대고 어설펐지만, 하루하루 글감을 찾아 헤매며 썼습니다. 어느덧 무기력할 틈도 없이, 글쓰기가 제 일상이 되었습니다. 글쓰기가, 무기력이라는 두꺼운 벽을 조금씩 밀어내는 파도가 되어주고 있었기 때문입니다. 물론, 그 파도에 멀미가 날 때도 있습니다. 때로는 이 압박감에 강사님께 괜한 짜증을 부리는 날도 있었지만, 역설적으로 그분의 묵묵하고도 끈질긴 지도가 없었다면 여기까지 오지 못했을 겁니다.

그러나 무엇보다도 저를 계속 끈을 놓지 않게 한 건 다름 아닌 그 청춘들이었습니다. 수준조차 가늠할 수 없는 횡설수설 같은 제 글에도 칭찬과 조언, 응원의 댓글을 달아주던 그들은, 하찮다고 여겨지던 제 삶에 생기를 불어넣고 메말랐던 마음에 의욕을 되찾아 주었습니다. 그저 '감동의 감사'로 눈물이 나왔습니다. 그리고 일과 병행하며 글을 쓰는 그들의 열정이 사랑스러웠고, 그 곁에 함께 있다는 사실만으로도 제겐 큰 힘이었습니다. 그렇게 어느덧 100일이 지나갔습니다.

저는 100일 글쓰기를 완주했습니다. 마늘만 먹으며 사람이 된 곰처럼, 제 안의 가능성이 꿈틀거렸습니다. 글의 수준이야 미흡했지만, 무력에 빠져 있던 제가 100일 동안 하루도 거르지 않고 글을 썼다는 사실 하나만으로도 경이로웠습니다. 28명 중 8명만이 완주했고, 수료증을 받던 날, 제 안의 열정과 의욕이 조용히 고개를 들었습니다.

저는 창밖 하늘을 향해, 속으로 외쳤습니다.

"지금, 이 순간 제가 참 멋지고 자랑스럽습니다! 제가 대견합니다!"

내 배 속엔 배짱이 가득합니다.

그리고 그 배짱 덕분에,

제 삶도 슬며시 불룩해집니다.

2부

장맛비에 젖은 초가지붕에서 물방울이 떨어지듯, 반질반질 윤이 나는 바닥에 내 눈물도 또각또각 떨어진다. 이유는 알 수 없다. 그저 싸한 바람이 가슴을 파고들 듯 서늘해지는 순간, 낙망에 가까운 외로움이 밀려와 눈물이 되었다.

- 쪽찐 머리
- 어느 여름의 수박 향
- 어머니의 화양연화
- 아직 내가 살아 있잖냐, 잉?
- 보부아르의 분노
- 그 복도에서 울다, 웃다
- 달거리 식탐
- 고정관념을 흔든 낯선 아름다움
- 시아버지와 약탕기
- 가로등의 온기
- 그 밤, 내 콧잔등 위의 땀방울
- 달을 품고 있는 유리잔

쪽찐 머리

"지윤이 할머니 왔다!"

 아이들은 책상을 두드리며 소리를 질러댔다. 연옥색 한복에 흰 고무신을 신은 할머니가 대나무 석작을 안고 교실 문 앞에서 쪽찐 머리를 내밀었다. 아이들이 말한 할머니는 나의 엄마였다.

 내 기억 속의 엄마는 처음부터 할머니였다. 엄마는 열아홉, 어린 나이에 동갑내기 아버지를 만나 가정을 이루었다. 아들 하나와 딸 셋을 낳았지만, 남아 선호 사상이 깊던 시절이라 아들을 더 바라셨다. 여러 번의 노력에도 불구하고, 결국 엄마는 1남 3녀로 만족해야 했다.

 그러던 어느 날, 심상치 않은 몸의 변화를 느낀 엄마는 믿기 어려운 현실과 마주했다. 꿈에도 생각지 못했던 입덧이었다. 그때 엄마의 나이는 마흔다섯. 요즘처럼 고령 임신이 흔한 시대도 아니었기에, 당황스럽고 남사스러운 일이었다. 누구에게도 말 못한 채, 엄마는 갖가지 민간요법에 의지해 이 일을 없던 일로 만들려 애썼다. 너무 짜서 쓴맛이 날 정도로 독한 씨간장도 들이켰지만, 잉태된 생명은 그 모든 저항을 이겨냈다. 생명은 생각보다 단단하고 위대했다. 그렇게 나는 엄마의 마흔여섯 해 삶에 예고 없이 찾아든 존재처럼 안방 한자리를 차지하게 되었다.

엄마는 열아홉, 새색시 시절부터 올린 단아한 쪽찐 머리를 평생 놓지 않으셨다. 화장하지 않았던 엄마의 경대 위에는 로션 하나와 동백기름, 촘촘한 참빗 두 개가 가지런히 놓여 있었다. 엄마는 이른 아침이면 동백기름을 바르고 참빗으로 곱게 빗어 틈새 하나 없는 기름진 긴 머리를 손가락에 돌돌 말았다. 그리고 옥빛 비녀를 암팡지게 꽂고 하루를 시작했다. 하루 종일 머리카락 한 올 흘러내리지 않을 것 같은 단정한 모습이었다.

쪽찐 머리에 어울리기 때문인지, 엄마의 취향인지 알 수 없었지만, 대부분 한복 차림이었다. 더운 여름에도 외출 때에는 반드시 하얀색이나 비취색의 세모시 적삼과 투박하고 거친 삼베 치마를 입었다. 언제나 풀을 먹이고 곱게 다린 한복 차림의 단아한 모습은 주변 사람들의 눈길을 끌었다. 그러나 친구들 엄마 패션과는 너무도 다른, 쪽찐 머리에 하얀 고무신까지 갖춰 신은 엄마의 모습은 어린 내게 창피함이었고, 때로는 나를 움츠러들게 했다.

살림 외에는 다른 일에 익숙하지 못했던, 그 시절의 엄마는 하루 종일 집안일에 매달렸다. 특히 다양한 찬거리, 간식거리를 준비하여 식구들의 건강을 챙긴다는 자부심은 대단했다. 하굣길 친구들이 우르르 우리 집으로 몰려오면 엄마는 싫은 내색 없이 언제나 먹거리를 챙겨주곤 했다. 어린 친구들이 나와 친해지고 싶어 했던 이유는 오로지 엄마의 먹거리 인심 덕분이었다.

그러면서도 엄마는 일 년에 한 번 손수 빚은 송편을 싸들고 학교를 방문했다. 교정의 목련꽃들이 빛바랜 누런빛으로 축 늘어져 땅을 덮은 4월 초, 내 생일날이다. 5, 60명이나 되는 반 애들에게 나눠주기 위해 커다란 떡 보따리를 안고 어정쩡 나를 찾고 있으면 애들은 '지윤이네 할머니 왔다!'라며 소란을 피워 댔다. '할머니'라 불리는 엄마가 창피했다. 난 책상에 엎드려 엄마 얼굴조차 보지 않았고, 집에 돌아와 길길이 뛰었다. '절대 학교는 오지 마라, 오려면 다른 엄마들처럼 머리 파마하고 예쁜 양장을 입고 다녀라, 난 절대 엄마처럼 막내는 낳지 않을 거다.' 말도 안 되는 소리로 으름장을 놓으며 울다 지쳐 잠들곤 했다. 그럴 때면 어김없이 엄마는 중얼거렸다.

"에그, 안 낳을 걸 낳았더니만!"

엄마는 내가 태어나기 전 '안 낳으려고 별짓'을 다 했던 죄책감과 끊이지 않던 나의 병치레가 마음에 부담을 주었던 것 같다. 불교 신자였던 엄마는 새해가 되면 어린 나를 데리고 절을 찾았고, 봉양이 끝나면 법당 아래 당골래미 집을 따로 찾아 일 년 운세를 기원했다. 어김없이 나에게도 손바닥을 비비며 절을 시켰다.

초등학교에 입학하자 내 생일에는 송편과 알록달록한 사탕을 들고 학교를 찾아왔고, 그때마다 길길이 소리를 지르며 포악을 떨었지만, 엄마의 생일 떡 공세는 5학년 때까지 이어졌다. 어른이 된 후, 왜 내가 싫어했음에도 불구하고 생일 떡을 돌렸냐고 물었다.

"많은 사람에게 베풀어야 네가 명이 길어 오래 산다더라."

엄마 심부름을 냉큼 할 때나, 흰머리를 뽑아줄 때, 저고리 동정을 달 때, 화창한 가을날 대청마루에서 새로 틀어온 목화솜을 넣고 이불을 만들 때, 내가 어쩔 수 없이 옆에 앉아 바늘에 실을 꿰어줄 때면 '안 낳을 것 낳았더니 내 새끼!' 웅얼거리며 흐뭇해하시곤 했다. 엄마와 단둘이 있을 때면 나는 팥 아이스케키를 먹는 것만큼이나 엄마가 좋았다. 장성한 자식들이 자신의 삶을 찾아 떠나자 외로운 노부부는 손녀 같은 막둥이에 대한 뒷바라지를 아끼지 않았다. 학교 공부 외에도 노래, 피아노 등 원하면 뭐든 지원해 주었다. 늦둥이기에 가능했던 호사였다. 엄마가 70세에 아버지를 보내고 홀로 남으셨던 그해 어느 날, 몸집만큼이나 큰 가방을 들고 홀연히 우리 집에 오셨다.

"오늘부터 내가 너의 집 살림을 할 거다. 그리 알아라!"
"에그! 안 낳을 것 낳았더니만, 끝까지 고생시키네!"

한 마디 덧붙이셨다. 엄마의 부지런한 천성은 변함이 없었다. 82세까지 우리 가족과 함께 살면서 내 아이들을 돌보고 살림을 맡아주셨다. '내가 늙어 이런 재미를 누리려고 널 낳았구나.' 하셨다. 난 살림, 육아, 직장 생활에 큰 어려움 없이 이어갈 수 있었고 사회적 성공도 이뤘다. 교장 임명장을 들고 병상에 누운 엄마를 찾아갔을 때,

"잘했네!"

짧은 덕담으로 엄마의 기쁨을 표시했다. 그리고 3년 후, 100세 천수를 누리고 소천하셨다. 엄마는 늦은 나이에 나를 얻으면서 창피한 순간들도 겪었지만, 그 누구보다 정성스럽게 막내딸을 키웠다. 나 또한 어린 시절, 늙은 엄마가 부끄러워 도망치고 숨었던 때가 있었지만, 늙은 엄마의 짭조름한 부엌 냄새가 밴 치마폭 속에서 자랐고, 그 속에서 성숙했다.

나는 소원한다.

다시 태어난다 해도,
엄마 치마폭 속 늦둥이이기를….

어느 여름의 수박 향

　초복이다. 마트에 들어서자마자 짙푸른 껍질의 수박 코너가 시선을 사로잡는다. 탐스럽게 쌓인 무등산 수박들 사이에서 한참을 망설인다. 손에 들었다가 다시 내려놓기를 몇 번이나 반복한다. 이 크고 묵직한 여름의 상징을 함께 베어 먹을 식구가 없다는 사실이 문득 허전한 바람처럼 가슴을 스친다.
　그 옛날 여름이면 우리 집 냉장고 가장 아래 칸에는 언제나 수박 한 통이 자리하고 있었다. 냉장고 문을 열 때마다 집 안 가득 단물이 흐르는 듯한 수박 향이 그득했고, 그 향기 속에는 유독 수박을 좋아하던 아들이 있었다.
　어느 8월, 중복 무렵이었다. 철통같이 차가워진 수박을 꺼내 산 모양으로 큼직하게 썰어 쟁반에 담았다. 우리 네 식구가 식탁에 둘러앉았다. 아들은 커다란 눈망울로 접시를 노려

보며 벌써부터 군침을 삼켰고, 남편은 조용히 포크를 챙겼다. 딸아이는 수박씨가 있다며 먹기도 전에 투정이었다. 아들은 눈을 휘둥그레 뜨고 가장 큼직한 조각부터 해치우기 시작했다. 손등이며 입가에 수박 물이 흘러도 개의치 않고, 게걸스럽게, 그러나 세상 참 행복한 표정으로 먹어댔다. 반면 남편은 작은 조각부터 차례로 골랐다. 누군가 참으면 누군가는 더 맛있는 걸 먹는다는 말처럼, 그는 말없이 아이들을 위해 자신의 몫을 양보하는 듯했다. 딸아이는 수박 한 조각을 앞에 두고 깨작거리고 있었다. 나는 맛있게 먹는 부자를 바라보는 것만으로도 배가 부르고 충만했던 그 시간이 좋았다.

　어느새 그릇에는 자잘한 수박 두 조각과 큼직한 것 한 조각이 남았다. 아들은 하모니카라도 부는 듯 수박을 입에 물고 소리를 냈고, 곁눈질로 접시를 살폈다. 그러더니 느닷없이 작은 수박 두 조각을 집어 아빠와 누나에게 건넸다.

　"이거 먹어!"

　큰 소리로 인심 쓰듯 쿨하게 내미는 모습에, 접시엔 당연히 가장 큼직한 조각 하나가 아들 몫으로 남았다. 남편과 나는 동시에 폭소가 터져 나왔다. 까만 수박씨가 박힌 채 아들의 얼굴은 수박 속처럼 벌게져 있었다. 그 약삭빠름에 어이없고 웃기면서도 한편으론 너무나 귀여웠다. '아, 이 녀석.

자기 건 절대 뺏기지 않고 잘 챙기며 살겠구나.' 그것은 철없는 행동이라기보다, 자기 삶의 몫을 지키려는 단단한 본능처럼 느껴졌다. 나는 아들이 까만 수박씨처럼 꿋꿋이 여물어 가기를 진심으로 바랐다.

마트를 나와 카페에 들렀다. 혼자 먹기엔 너무 커서 차마 살 수 없었던 수박 대신, 수박 주스를 한 잔 시켰다. 얼음을 채운 투명한 잔 속에서 붉은 수박 물기가 시원하게 흔들린다. 그 물빛을 바라보다 세월 속에 덮여 있던 지난날의 아들이 떠올랐다.

한때 아들은 수박 껍질처럼 무뚝뚝하고 좀처럼 속을 보여 주지 않던 아이였다. 말수도 적고, 감정 표현도 서툴렀다. 사춘기가 시작되면서 아이는 학교에서도, 집에서도 마치 말을 잊은 사람처럼 지냈다. 제도권 밖으로 맴도는 아이 같았다. 식탁에서는 숟가락 소리만이 오갈 뿐이었다. 무슨 말을 해도 대꾸는커녕 표정조차 바뀌지 않았다. 괜한 말 한마디에 방문을 쾅 닫고 들어가 버리기 일쑤였고, 방 안에서는 숨소리조차 들리지 않아 답답함에 가슴이 먹먹했다. 그때마다 아들의 닫힌 마음의 문 앞에서 수없이 서성거렸다.

그나마 여름이면 작은 틈이 생겼다. 아이가 유독 좋아하는 수박을 핑계로 방문을 두드릴 수 있었다. 묵묵히 수박을 먹는 아들의 옆모습을 보며, 나는 가슴 한구석에서 안도감과 함께 애틋함을 느꼈다. 묵언 수행을 하듯 꽉 다물었던 그의 입은 한동안 열리지 않았다. 대학에 진학했지만, 여전히 시큰둥했던 아들은 어느 날, 뜻밖에도 공군에 지원했다며 입영통지서를 내밀었다.

"네가 군대를 가겠다고? 아니, 훈련소에서 견딜 수 있겠어?"

가슴이 철렁했다. 목소리는 떨렸고, 말끝은 흐려졌다. 나는 제정신이 아니었다. 하지만 아이는 망설임 없이 머리를 밀고 홀연히 떠났다. 극한의 규율 속에서 아들이 과연 잘 버텨낼 수 있을지, 전우들과는 어울릴 수 있을지 걱정이 앞섰다. 고된 훈련에도 묵묵히 자리를 지키며 버텨내는 아들의 모습이 그려지다가도 이내 불안감에 휩싸이곤 했다. 한동안 내 일상에서는 '탈영'이라는 단어가 불쑥불쑥 떠올랐고, 꿈속에서조차 불안과 공포에 시달려야 했다.

하지만 아들은 나의 염려를 비웃기라도 하듯 놀라울 만큼 군 복무를 멋지게 마쳤다. 스스로를 다스리며, 아들은 자신의 두꺼운 껍질을 한 겹씩 벗겨내고 있었다. 그 무던함이 자랑스럽기도 하고, 한편으로는 홀로 얼마나 힘들었을까 싶어 미안하기도 했다.

제대를 앞두고 집에 온 날, 설거지를 마친 내게 조용히 다가와 말했다.

"엄마, 나 이제 좀 알 것 같아."

무슨 뜻이냐 물었지만, 아이는 말없이 웃기만 했다. 그때 아들의 웃음은 내가 알던 그 어떤 웃음과도 달랐다. 진정으로 속에서 우러나오는 참된 어른의 웃음이었다. 오랫동안 품어온 과일의 알맹이처럼 진하고 달콤한 마음과, 단단한 껍질을 벗고 스스로 다져낸 결심이 그 웃음 속에 고스란히 보였다. 제대 후, 그는 어릴 적부터 품었던 꿈을 따라 OTT 영상 제작과 AI 기술을 융합한 콘텐츠를 공부하며, 누구보다 주체적으로 자신의 길을 걸어가고 있다.

아이들은 잘라놓은 수박처럼 곱고 예쁘게만 자라주지 않는다. 때로는 속을 알 수 없고, 겉은 단단하고 무심해 보이기도 한다. 하지만 그 단단한 껍질 속에, 수박처럼 붉고 달콤하며 시원한 마음이 숨 쉬고 있다는 것을 알았다. 수박을 먹으며 불필요한 씨를 뱉어내듯, 아들은 삶의 과정 속에서 불필요한 감정이나 타인의 시선을 털어내며 진정으로 잘 익은 사내로 성숙해지고 있다. 그래서 나는 오늘도 조용히 빌어본다. 부디 잘 익은 수박처럼, 천천히, 깊이, 달콤하게, 그리고 꿋꿋이 삶을 채워 나가기를.

어머니의 화양연화

며칠 전, 요양원에서 문자가 왔다. 시어머니께서 헤모글로빈 수치가 낮아 수혈을 받기 위해 병원에 입원했다는 것이다. 나와 딸은 입원한 병원으로 달려갔다.

어머니는 뼈만 앙상한 팔목에 두 개의 아이브이 튜브를 꽂은 채 주무시고 있다. 수혈 관과 수액 관의 줄기가 버거워 보인다. 노인의 상징인 검버섯 하나 없이 하얀 얼굴은 고왔지만, 칼국수 반죽처럼 얇게 늘어진 피부가 목 쪽으로 힘없이 드리워져 있다. 이불 속 어머니의 작은 몸은 갓 태어난 아기 동물처럼 애처로웠고, 벌어진 입에서 새어 나오는 '퓨퓨' 소리에 따라 얼굴은 시소처럼 미세하게 오르내렸다.

어머니는 올해 100세다. 엉덩이 관절이 부서져 거동이 어렵고 대소변도 해결하지 못한다. 몇 년 전, 아들의 암 선고 소식을 듣고 심해진 치매로 노인 병원을 거쳐 지금은 3년째 양로원에 계신다. 착한 치매를 앓고 있는 우리 어머니는 수다쟁이 이야기꾼이다. 아주 오래전, 자신이 보고 듣고 겪은 것을 손짓과 함께 나름의 열연으로 펼친다. 이야기는 뒤죽박죽이지만 계속 듣다 보면 한 편의 인생 시나리오다.

어머니의 이야기는 화동 신 참판 댁 무남독녀의 탄생으로 시작된다. 외할아버지의 뛰어난 사업 수완으로 풍족한 환경과 외동딸로서 특별한 사랑을 받으며 자란 얘기, 새빨간 앵두가 주렁주렁 매달려 있던 우물가, 아침이면 앵두가 염소똥처럼 우수수 떨어져 발 디딜 틈도 없었다는 얘기, 소쿠리에 담아 먹고 나면 입술은 연지를 바른 듯 예뻤고, 무화과는 톡 터지는 단맛과 물컹한 식감이 최고였다며 엄지척도 잊지 않는다. 능소화를 머리에 꽂고 다니다 동네 아이들에게 '미친 년'이라 놀림당하였지만, 본인이 예뻐서 시샘한 거라며 웃는 대목에선 어머니의 천진함이 느껴진다.

이야기는 끝없이 이어진다. 외할아버지의 오랜 외도로 큰 집은 텅 빈 듯 쓸쓸했고, 외할머니의 말수는 점점 줄어들어 눈 뜨면 눈치를 살피는 게 습관이었다고 한숨 쉰다. 그래도 쉼 없이 드나들던 손님들과 일꾼들의 북적거리는 발소리, 객식구를 위한 음식 준비로 잔칫집 같았던 그 시절을 떠올리며, 금세 아씨 같은 도도한 표정을 짓는다.

한편, 시아버지의 외도에 상처받았던 어머니는 여전히 분한 마음을 감추지 못한다.

"잘생긴 얼굴만 보고 결혼했지."

라며 '만'에 유독 힘을 준다.

"내가 아니라고 했으면 절대 안 됐을 혼사야."

하며 정확히 'X'자를 그리신다. 다행히 구겨진 자존심은 순종적이고 공부 잘하는 자식들이 세워주었고, 타인의 칭찬을 들으며 견뎠다는 이야기도 빠뜨리지 않는다. 우리는 이 이야기를 수도 없이 들었지만, 신기하게도 들을 때마다 새롭고 재미난다. 협력병원에서 이틀간 수혈과 영양제를 맞고 원기를 되찾은 어머니는 양로원으로 돌아오셨다.

"어미야, 아비 건강은 괜찮냐?"

창틈으로 스며든 햇빛에 한쪽 눈을 찡긋거리며 오늘도 어김없이 확인하신다. 흐릿한 기억의 조각들 사이에서도 아들 이야기가 나오면 생기가 돌고 얼굴은 금세 환해진다.

"아비, 네가 잘 건사해야 한다. 내가 아직도 살아 있지 않냐?"

담담한 듯 나를 바라보는 어머니의 눈빛 속에 아들이 살아 돌아올 날을 기다리는 순수한 믿음이 담겨 있다. 어머니의 세상에서는 여전히 건강한 아들로 존재한다. 아들의 죽음을 차마 알리지 못한 채, 5년간 가슴 시린 비밀을 나는 홀로 감내하고 있다.

"할머니! 전에 갖고 싶다고 하셨던 십자가 팔찌 사 왔어요."
아들이 웃으며 작은 상자를 꺼내 보인다.
"정수가 샀대요. 어머니 손자 정수가!"
조심스레 팔찌를 꺼내 할머니의 팔목에 채워드린다.
"잉, 이쁘네! 우리 손자니까 나에게 이런 십자가 팔찌를 사다 주지, 누가 나에게 이런 선물을 하겠냐! 우리 손자가 날 닮아서 머리가 잘 돌아가 안 그러냐? 후후후!"
젓가락처럼 앙상한 어머니의 팔목에 팔찌는 헐거웠다. 몇 칸을 줄여 최대한 짧게 조였지만, 여전히 쉽게 빠질 듯 흔들렸다. 어머니는 몇 번 손목을 어루만지시더니, 금세 다른 말씀으로 넘어가신다.
"하나야, 너 더 늦기 전에 시집가라. 잉?"
갑작스러운 화제 전환에 어색해진 딸이 급히 단팥죽 용기를 꺼내 펼친다. 숟가락을 쥐여 드리지만, 어머니는 힐끗 보기만 하고는 곧 시선을 거둔다.
"정수 짝은 있다더냐? 얼른 짝 만나 손주 얼굴도 봐야지, 잉?"
"어미, 네가 먼저 서둘러야제. 알겠냐?"
그러고는 단호한 어조로 마무리하신다.
"나는 저것 둘 혼사만 끝내면, 할 일 다 한 거시니께, 여한 없이 떠날란다."

결혼 적령기를 넘긴 손주들을 걱정하며 마치 그 결혼을 기다리느라 죽음조차 미루고 계신 듯하다. 비혼을 선언한 자식들에 속이 터지는 나로선, 어머니의 채근이 묘하게 통쾌하다. 유일한 일촌으로, 늘 내 편이 되어주는 어머니가 참 든든하다.

  고령의 나이, 찾아오지 않는 아들, 그리고 침대에 의지해야 하는 일상에도 어머니는 묵묵히 오늘을 살아내신다.

  "어미야, 난 괜찮다. 이만하면 있을 만하다."

  마음이 아리다.

  "본 것을 기억할 수 있는 사람은 결코 허무하지도, 생각에 목마르지도, 고독하지도 않다."

  고흐의 말이다. 어머니의 지난한 노년을 지탱하는 건 순간순간을 사랑으로 간직해 온 기억일 것이다. 측은한 시선과 무력한 현실 속에서도 자신의 기억을 풀어내고, 손주들의 혼사를 마지막 과업처럼 여기는 모습은 오히려 경건하다.

  어머니의 화양연화는 지금도 진행형이다. 허무하지도, 고독하지도 않다. 무너져가는 육신과 오락가락한 정신 속에서도 서사를 움켜쥔 채 자존심을 지키며 살아내는 그 시간, 그 품위 있는 마지막 봄날을 나는 좀 더 바라보고 싶다.

아직 내가 살아 있잖냐, 잉?

"애비는 괜찮냐?"

지지직거리는 마이크 잡음이 창문을 뚫고 요란하게 퍼진다. 얼굴을 찡그리며 나도 모르게 두 손으로 귀를 막는다. 어머니의 자식에 대한 안부는 언제나 고함에 가깝다. 얼른 손을 내리고 어머니께 미소를 지어 보인다. 어머니는 올봄, 고관절이 부러지며 하반신 마비가 찾아왔다. 요양병원에서의 치료를 마친 뒤, 어머니는 지금의 요양원으로 자리를 옮기셨다.

우리는 요양원 1층 건물 밖, 창문으로 면회를 할 수 있는 공간에 나란히 고개를 들이밀고 있다. 이곳은 팬데믹 이후 새롭게 만들어진 '비대면 면회소'다. 원래 요양원 1층은 면회실로 쓰였지만, 코로나 이후 건물 전체가 철저히 봉쇄되었다. 고령자와 기저질환자를 위한 보호조치라지만, 가족에게는 철창만큼이나 멀고 단단한 단절이다.

엘리베이터 문이 열리면서 시어머니가 탄 휠체어가 모습을 드러낸다. 보호사의 도움을 받아 창가 쪽으로 이동해 오신다. 유리창 중앙에는 '면회실'이라고 붉은 글씨로 쓰인 종이가 붙어 있고, 창 안쪽 벽에는 창밖을 향해 놓인 작은 책상 하나, 그 위에는 인터폰이 덩그러니 놓여 있다.

　창밖은 요양원 주차장이다. 딸과 나는 그 주차장에 서서, 창을 사이에 두고 어머니와 마주 선다. 바람이 불고, 차들이 지나가고, 마스크를 쓴 얼굴들이 가끔 스쳐 간다. 면회객은 건물 안 출입 자체가 금지되어 있다. 한때는 '잠깐만 얼굴 보여주고 갈게요.'가 가능했지만, 이제는 사전 예약을 하고 체온 확인을 거친 뒤, 정확한 시간에 맞춰 이곳에 도착해야 한다. 그것도 딱 10분. 면회 시간이 끝나면 직원이 휠체어를 돌리고 창은 닫힌다. 겨우 몇 마디 나누는 이 시간이, 한 달에 두 번뿐인 가족의 만남이다.

　좁은 주차장 길목은 차 소리, 오토바이 굉음, 택배 상자의 부스럭거림까지 뒤섞여 늘 소란스럽다. 인터폰은 노인 입소자용으로 설치되어 있지만 어머니는 귀가 어두워, 대부분의 대화는 우리가 목청을 돋우는 방식으로 이뤄진다. 마스크를 쓴 채 목에 핏대를 세워야 간신히 전달된다.

　오늘도 어머니는 빨간 체크 모포를 두르고 휠체어에 깊이 파묻혀 계신다. 작은 몸은 둥지에 웅크린 작은 새처럼 여위고 가냘팠다. 오뚝하던 코는 살이 빠진 얼굴 위에서 더 또렷해 보이고, 틀니를 뺀 입가는 들숨, 날숨에 따라 잔물결로 흔들렸다.

노쇠해진 모습이 자연의 순리라 여기려 해도, 막상 눈앞에 마주하면 쓰라리다.

"이게 우리 자부, 우리 손녀!"

인터폰 스위치를 켜고 있는 보호사에게 어머니가 점호하듯 말씀하신다.

"우리 아들은 큰 병원 의사여!"

주기도문처럼 반복되는 어머니의 인사말이다. 세상에 당신이 붙잡고 싶은 마지막 자존심, 마지막 자랑이다.

"어머니가 좋아하시는 감자 삶아 왔어요!"

아직도 뜨끈한 감자 통을 유리창 너머로 흔들어 보인다.

"어서 늦기 전에 하나 시집보내라, 잉?"

감자 통을 바라보며 느닷없는 잔소리를 꺼내신다.

"갈치, 조기도 구워 왔어요."

또 통을 흔들며 보여드린다.

"남정네들은 집안일에 아무것도 모르는 로보트여. 니가 알아서 잘해라, 잉?"

오늘따라 어머니의 말끝 '잉?' 소리에 기운이 없다.

"네! 알았어요."

주제를 돌리려 다시 반찬 이야기를 꺼낸다.

"어머니가 먹고 싶다 하셔서, 짭짤한 명란젓도 가져왔어요."

"애비 건사 잘혀야 한다. 잉?"

어머니의 당부는 늘 그 자리에서 시작된다.

"알았어요."

말이 끝나자, 보호사는 휠체어 바퀴를 정돈하며 이별의 신호를 보낸다.

"어머니, 들어가서 점심 드세요! 제가 가져온 반찬 맛있게 드시고요."

"에미야, 생선이랑 감자는 안 가져왔냐?"

"방금 보여드렸잖아요! 갈게요. 또 올게요."

뒤돌아서는 내 등을 향해 어머니가 던지는 마지막 한마디가 걸음을 붙잡는다.

"애비 니가 잘 건사해라, 잉? 아직 내가 살아 있잖냐?"

눈시울이 뜨거워진다. 어머니는 지금의 상황을 그저 역병이 도는 시기라 이해하신다. 그렇게라도 현실을 덜 아프게 받아들이시니, 그 착각마저도 애틋하다. 요양원 앞 중국집 배달원이 지나가며 알은체한다.

"할머니가 생선 좋아하시나 봐요. 감자도 삶아오셨네요? 예전에 우리 어머니도 좋아하셨는데…."

면회 때마다 복식호흡으로 질러대던 우리 고함소리가, 주변 가게 사람들에게도 전해졌나 보다. 매번 돌아오는 발걸음은 무겁다. 평생 당신의 방패였고 자부심이었던 단 하나뿐인 아들은 이제 없다. 그 뒤로 세상은 코로나에 갇혔고, 어머니는 기억에, 나는 연민에 갇힌 채로 산다. 창 하나를 사이에 두고도 서로를 안아볼 수 없는 시간이 계속된다. 그리고 아직, 어머니는 살아 계신다. 살아 있으시다.

보부아르의 분노

"악!"

100℃의 물이 커피포트 주둥이에서 쏟아져 내렸다. 컵을 들고 있던 내 왼손 손가락 위로 떨어졌다. 본능적으로 컵을 내던지며, 흐르는 수돗물 아래에 재빨리 손가락을 가져갔다. 아일랜드 식탁 위 커피포트는 입을 벌린 채 묵직하고 당당한 모습이다. 먹이를 낚아채는 왕 개구리의 웅덩이 같은 입에서는 뜨거운 김이 뿜어져 나온다. 두려운 긴장감으로 모든 것이 안갯속에 묻힌 듯 어릿거린다. 2도 화상이었다. 2주 동안 붕대를 감은 채 한 손으로 얼굴을 씻고, 머리를 감고, 과일도 먹으며 설거지했다. 어처구니없는 사고 하나가 내 일상을 통째로 불편하게 했다.

새벽 두 시. 몸인지, 마음인지 구분할 수 없는 떨림으로 잠이 깼다. 가슴에서 물방울이 톡톡 떨어지는 듯한 기분이다. 정말, 나이가 드는구나 싶다.

 이탈리아 화가 폼페오 바토니의 〈노화에게 아름다움의 파괴를 명하는 시간〉이라는 그림이 있다. 그림 속에는 세 인물이 등장한다. 시간을 관장하는 신 크로노스, 젊고 아름다운 여인, 그리고 그 여인의 얼굴을 덮으며 상처를 내려 하는 근육질의 노파. 노파의 손아귀는 무자비한 시간의 힘을 증명한다. 한때 빛나던 젊음도 결국 시들어간다는 덧없는 이치를 아프게 드러낸다.

 그럼에도 젊음을 붙들려는 인간의 욕망은 고대부터 지금까지 이어진다. 기원전 2세기, 진시황은 불로초를 찾아 동해를 헤맸고, 파우스트는 악마와 손을 잡았다. 오늘날에도 수많은 안티에이징 광고가 사람들을 유혹한다. 탄탄한 몸을 가꾸기 위해 헬스장에 가는 일이 일상이 되었고, 기능성 화장품을 넘어 의술의 힘도 빌린다. 인지력 개선제를 챙겨 먹으며 명상 앱으로 뇌의 노화마저 붙들어보려 애쓴다.

 시간의 신 크로노스는 대체 언제부터 인간을 늙게 만든 걸까? 2024년 한국 웰니스 보고서에 따르면, 사람들이 '늙기 시작했다'라고 느낀 순간 1위는 '피부 노화'였다. 또한, 본인이 늙었다고 인식하는 나이는 한국은 57세, 일본은 47세였다. 특히, 우리보다 먼저 고령화 사회에 접어든 일본에서 40

대 중반부터 이미 자신을 늙었다고 여긴다는 점은 다소 의외였다. 결국 나이 듦은 객관적인 수치가 아니라, 스스로 느끼는 마음의 문제인 것이다.

나는 삶의 곳곳에서 노화의 징후와 마주한다. 거울 속 늘어진 얼굴, 탄력을 잃은 젖가슴과 엉덩이, 검은 머리카락 속 은빛 실. 어느 날은 엄마와 똑같은 표정을 짓고 있는 나를 보며 흠칫 늙음을 확인한다. 단어 하나가 뇌 속 어딘가에서 끝내 로딩되지 않아 대화를 멈추게 될 때면, 참 어처구니없어 씁쓸해진다. 가벼운 주전부리에도 이를 쑤셔야 하는 나 자신이 민망하고 다리에 힘이 빠져 하이힐도 포기하면서 한때의 여성스러움도 시원하게 놓아버렸다. 물건 잃어버리는 일은 다반사이고, 급기야 펄펄 끓은 물을 손등에 붓기까지…. 그렇게 나이 듦은 내게 다가왔다.

20세기 페미니스트의 선구자, 시몬 드 보부아르는 청춘 시절부터 늙음에 집착했다. 《소크라테스 익스프레스》의 〈보부아르처럼 늙어가는 법〉에 따르면, 그녀는 나이가 들어감에 따라 내면의 불빛이 꺼져감에 분노했고, 자신의 분노를 비웃는 사람들에게도 분노했다. 결국 그녀는 선언한다. '노화는 타인이 내리는 문화적, 사회적 판결'이라고.

나 역시 언젠가부터, 남의 시선을 먼저 의식하고 그 시선에 맞춰 나를 재단하기 시작했다. '이 나이의 여자는 이래야

한다.'라는 식의 무언의 규칙들 속에서, 노인답게 점잖은 옷차림이나 말투도 신경 쓰게 되었다. 겉으로는 초연한 척했지만, 마음은 조금씩 움츠러들고 있었다.

'나이 듦'이란 삶이 무르익는 과정이라지만, 이제 그 말도 허허롭게 들린다. 한때는 노년이 평온과 지혜의 시기일 거라 믿었지만, 내 의지와 상관없이 다가오는 노화의 그림자는 솔직히 두렵다. 자식들에게 짐이 될까, 염려하며 살아야 할 날들이 가까워지고, 아프다는 사실 하나만으로도 내 마음이 먼저 위축된다. 젊을 땐 '아프니까 청춘'이라고 위로하며 살았더니, 지금은 '늙으니까 아프다'라며 하루를 보낸다. 아프면서 살아가는 것이 인생인가 보다.

그런데도, 정직하게 늙어온 나 자신에게 작은 자부심 하나쯤은 간직하고 싶다. 보부아르가 분노했던 삶의 무게를, 나는 조용히 끌어안는다. 어제의 시간이 쌓아 올린 이 무게는 이제 더는 짐이 아니다. 그것은 내가 걸어온 삶의 증거이다. 앞으로 나아갈 길을 비추는 디딤돌이자 발판이 되리라 믿는다.

그 복도에서 울다, 웃다

얼마 전, 나는 외로움도 착각할 수 있다는 것을 경험했다.
 몇 개월째 남편의 병 치료를 위해 순천향대 병원을 정기적으로 다니고 있다. 병원은 암 환자와 중환자 전용 별관 병동과 일반 환자들이 있는 본관 병동으로 나뉘어 있다. 그러나 모든 편의시설은 본관 지하 1층에 집중되어 있다. 병원에 머무는 동안, 나는 하루 한두 번쯤은 편의점이나 커피 전문점, 제과점, 음식점 중 하나를 들르게 된다. 내가 그 복도를 지나는 시간은 대개 오전 9시 전후다. 아침 식사, 주치의 회진, 약 복용 등이 끝나는 시간 무렵이기 때문이다.
 그즈음이면 남편은 아침 죽과 약 때문에 속이 뒤집히는 듯 괴로워했다. 그는 그 고통을 종종 분노로 표출했고, 나는 바라보는 것 외에 할 수 있는 일이 없었다. 무서움과 막막한 무력감은 참기 힘든 감정이었다. 그럴 때면 나는 "《스포츠

조선》 사올게." 하고 도망치듯 병실을 빠져나온다.

별관 병동에서 본관의 편의시설로 가려면 두 병동을 잇는 긴 복도를 지나야 한다. 복도의 왼편에는 꽃이 한창인 정원이, 오른편에는 손님을 기다리는 택시들이 줄지어 늘어서 있다. 나는 그 복도에 들어서면 터질 듯했던 가슴을 다잡기 위해 심호흡을 한다. 그러면 울컥 서러운 마음이 밀려온다.

장맛비에 젖은 초가지붕에서 물방울이 떨어지듯, 반질반질 윤이 나는 바닥에 내 눈물도 또각또각 떨어진다. 이유는 알 수 없다. 그저 싸한 바람이 가슴을 파고들 듯 서늘해지는 순간, 낙망에 가까운 외로움이 밀려와 눈물이 되었다. 정신을 수습하듯 나는 편의점을 향해 걸음을 재촉한다. 편의점에 도착해 《스포츠조선》과 서비스로 챙겨주는 《조선일보》까지 들고, 파리바게트로 가서 따뜻한 아메리카노에 시럽을 듬뿍 넣어 달달한 커피를 산다. 돌아오는 길, 방금 지나온 복도를 다시 걷는다.

손끝에서 전해지는 커피의 따뜻함과 유혹적인 향기에 이끌려 한 모금 넘기면, 얼어붙은 마음이 목덜미와 가슴, 배를 지나 온몸을 따뜻하게 데운다. 아-, 좋다! 그제야 눈에 들어오지 않던 정원의 꽃들이 보이기 시작한다. 마치 패션쇼의 도도한 모델들처럼 제각각 자태를 뽐내는 꽃들에게 속으로 찬사를 건넸다. 택시에서 오르내리는 사람들의 발걸음엔 '힘내세요.' 하고 속삭여 주었다.
 문득, 병실에 혼자 있을 남편이 떠올라 마음이 조급해진다. 서둘러 발걸음을 옮기며 생각한다.
 '아까 그 외로운 눈물은 옆 병실 아주머니의 환영이었나?'
 병실 문을 열고 환하게 말한다.
 "여보, 여기 신문!"

달거리 식탐

〈건반 협주곡 5번 2악장〉이 흐르는 아침, 바흐와 임윤찬이 함께한다. 나이가 들수록 단정하고 절제된 바흐의 음악이 좋아진다. 비단 음악뿐만은 아니다. 격정적이고 열광적인 모든 것이 이제는 부담스럽다. 구경조차 숨이 차다. 요즘 나는 세상을 향해 두리번거리며 해찰을 즐긴다. 이것저것 기웃거리고, 투덜대며 거리 구경에 빠져든다. 세상 소리는 음 소거처럼 들리지 않고, 고요하고 느긋한 시간 속에서 나만의 여유를 만끽한다.

오늘도 은행에 들렀다가 오는 길, 텅 빈 버스 정류장 의자에 앉아 잠시 쉰다. 햇살이 얼굴과 어깨 위로 포근히 내려앉는다. 따뜻한 의자에 앉아 있으니, 마치 친정엄마 방의 아랫목처럼 편안하다. 주변은 정비 공장과 소규모 공장이 밀집된 외진 곳이라 사람의 왕래는 뜸하다. 차들은 마치 긴 열차처럼 쉼 없이 지나간다. 한 대, 두 대 세다 보면 헷갈리기 일 쑤고, 그러다 차종을 구분해 본다. 스치는 차창 속 인물을 보다 문득 중얼거린다. '어, 신 선생님 닮았네.' 이미 멀어져 가는 차 뒤꽁무니를 따라 고개와 몸을 돌리며 마리오네 인형처럼 움직인다. 저녁 햇살이 길게 드리운다. 하루가 그렇게 저물어 간다.

중년의 나이, 나는 많은 여성이 겪는 지긋지긋한 갱년기도 남편이 챙겨준 호르몬제 덕분에 수월하게 넘겼다. 완벽하진 않았지만 무탈한 삶이었다. 남매는 친정엄마 손에 맡겨 키웠고, 직장 생활도 남편의 지지 덕분에 잘 마무리할 수 있었다. 그 모든 것이 평탄한 인생이라 믿었던 순간, 예상치 못한 소용돌이가 찾아왔다. '이제는 남편에게 기대 살아야지.' 했던 내 마음은 그의 갑작스러운 죽음으로 산산조각 났다.

젊은 시절, 나는 늘 식사 준비에 분주했다. 집안일은 대부분 남편 몫이었지만 식사는 내 책임이자 권리였고, 주방은 철저히 나의 영역이었다. 가족에게 내 손으로 음식을 해 먹이는 일은 엄마로서, 아내로서 내가 가진 권력이었다. 그러나 남편이 떠나고 딸마저 다이어트를 이유로 절식하면서, 내 권력은 허망하게 사라졌고, 주방은 어느새 차를 끓이는 '차방'으로 바뀌었다. 나 역시 왕성했던 식욕을 잃어갔다. 그렇게 잊고 지내던 어느 날, 문득 '달거리 식욕'이 되살아났다. 뭔가 먹고 싶다는 욕구가 반갑고 설렌다. 나는 이 한밤중의 식욕을 '나 홀로 파티'라 이름 붙였다.

열다섯 봄, 나는 초경을 했다. 그리고 매번 월경 전, 두통과 불쑥 솟는 식욕, 부풀어 오르는 배를 견뎌야 했다. 병원에서는 호르몬 변화로 인한 월경전증후군이라 했다. 생리가 끝나면 증상도 사라지지만, 그전까지는 시간만이 약이었다. 그 시절의 식욕은 고통이었다. 배는 수박처럼 불룩해졌고, 먹지 않고는 견딜 수 없는 본능 같은 욕망이 끓어올랐다. 특히 허리를 조여 입는 고등학교 하복은 참기 어려웠다. 가방으로 배를 가리고, 허리는 고사리처럼 구부정하게 꺾은 채 다녀야 했다. 초절식의 고통 속에서 나는 삶의 가혹함을 처음 실감했다.

그 시절의 식욕을 기억하며, 나는 때때로 올지도 모를 '나 홀로 파티'를 위해 반찬을 준비한다. 동네 반찬 가게에서 사 온 음식들을 깨끗한 반찬통에 가지런히 옮겨 담는다. 마치 내가 만든 음식처럼 보이도록 교묘하게 연출하는 작은 연극이다. 재료의 크기와 양을 맞춰 하나하나 옮겨 담고, 냉장고 안에 차곡차곡 정리한다. 가득 찬 냉장고는 마치 아들 생일상을 차린 날처럼 흐뭇하다.

어느 날 밤, 잠이 오지 않는다. 나는 슬그머니 식탁 앞으로 간다. 냉장고 문을 열자 환한 불빛이 주방을 비춘다. 진미채 한 가닥을 집어 입에 넣고, 흑미밥을 전자레인지에 돌린다. 된장과 참기름으로 무친 취나물을 얹어 비빈다. 고추장에 윤기 좔좔 흐르는 더덕장아찌에서는 엄마의 얼굴이, 달달한 검은콩조림에서는 어린 시절의 아들이, 오이김치의 아삭한 향에서는 남편의 '흠~' 하는 추임새가 떠오른다. 걸신들린 듯 솟구치던 식욕은 온데간데없고, 그리운 얼굴들이 식탁을 채운다.

나는 다시 식욕에 몰입해 본다. 오독오독 씹히는 미역 줄기 하나를 카멜레온처럼 낚아채 씹고, 명란젓에 참기름 한 방울을 떨어뜨려 남은 밥에 쓱쓱 비벼 먹는다. 문득 엄마 치맛자락의 짠내가 떠오르며, '나 홀로 파티'는 눈물로 마무리된다. 냉장고 속 반찬들은 '아직 남았어요!' 외치듯 아우성치지만, 더는 먹을 수 없다.

초대한 이도 없고, 조명도 없는 밤. 부스스한 몰골에 잠옷 차림이지만, 나는 오랜만에 내 안의 욕망과 마주 앉는다. 이 식욕은 단순한 허기가 아니라 내가 여전히 여자였고, 엄마였으며, 아내였음을 일깨운다. 나는 자신을 다독이며 웃는다.

마음은 아직도 무엇이든 해낼 수 있을 것 같은데, 몸은 이미 젊지 않다. 달거리를 끝낸 몸은 완경을 지나, 원숙한 여자의 길을 걷고 있다. 마음만이 늙지 못한 채, 그리운 얼굴들을 오래도록 붙잡고 있다. 이젠 세상의 시선을 의식하지 않는 나이. 본능에 가까운 단순하고 소박한 삶으로도 충분하다. 외로움을 친구 삼아 천천히, 조용히, 해찰하며 사는 이 시간 속에서 내 몫의 작지만 의미 있는 성찬을 차려보려 한다.

고정관념을 흔든 낯선 아름다움

　코로나가 한창이던 2022년 여름, 나는 세상에 대한 기대도, 나에 대한 열망도 내려놓은 채 무심한 나날을 보냈다. 무의미하게 방을 서성이던 어느 날, 딸아이 책상 위에 놓인 빨간 표지의 책 한 권이 눈에 들어왔다. 《2021년 이상문학상 수상 작품집》. 그저 무심코 집어 들었을 뿐인데, 그날 이후 나의 일상은 달라졌다.
　책장을 넘기자마자, 한겨울 동치미처럼 알싸하고 청량한 문장들이 나를 뒤흔들었다. 싱하 레몬 소다처럼 톡 쏘는 이야기들과 젊은 작가들의 재기발랄한 시선은 무뎌졌던 내 감각을 단숨에 깨워주었다. 그 짜릿한 호기심은 '젊은 작가상'으로, 그리고 더 나아가 이미 알려진 젊은 작가들의 작품으로 나를 이끌었다. 김금희, 예소연, 손보미, 김기태, 정용준…. 그들의 작품을 읽던 중, 박상영과 김멜라의 퀴어 소설을 접하게 되었다.

　처음엔 당혹스러웠다. 특정한 신념 때문이라기보다는, 낯선 세계를 마주했을 때의 본능적인 주저함에 가까웠다. 돌이켜보면 나의 성장 배경은 유교적 가치관 아래 윤리와 도덕을 중심으로 한 교육의 연속이었다. 권선징악과 흑백논리, 집단의 이익이 개인보다 우선시되던 교실 속에서 선과 악은 명확히 구분되었다. 그런 교육은 어느새 나의 인격을 이루는 밑바탕이 되어 있었고, 성소수자에 관한 생각 또한 그 안에서 '특수한 누군가의 이야기'로 치부되어 있었다.

　하지만 박상영의 《대도시의 사랑법》과 김멜라의 〈저녁놀〉은 그런 나의 고정관념을 흔들었다. 처음엔 낯선 단어와 설정에 불편함을 느꼈지만, 곧 세련되고 유려한 문장의 리듬에 빠져들었다. 순두부처럼 부드럽게 읽혔고, 멈출 수 없을 만큼 매혹적이었다. 마치 속도 붙은 롤러코스터에 탄 기분이었다. 그 얼얼한 감동은 한동안 깊은 여운으로 내게 머물렀다.

　그 순간 나는 깨달았다. 이 작품들은 '동성애'라는 주제를 넘어 '멋진 글'이었다. 논리를 넘어선 감동의 영역, 아름다움이었다. 이성도, 선입견도, 종교적 관점도 모두 무력하게 만드는 뭔가 있었다.

　'아름다움이란 사심이 들어가지 않은 판단이다.'라 했던 칸트의 말이 떠올랐다. 그 깨달음은 왠지 슬프면서도 아름다웠다. 유쾌하고 재치 있는 문장 하나하나가 살아 숨 쉬었고, 이야기 속에서는 모든 것이 용서되고 모든 것이 위대하게 느껴졌다.

얼마 전 영화 〈대도시의 사랑법〉을 관람했다. 원작을 인상 깊게 읽었던 터라, 스크린 위에 어떻게 구현되었을지 궁금했다. 영화 속 주인공 흥수는 누구에게도, 심지어 어머니에게조차 인정받지 못한다. 자신의 정체성을 숨기고 살아야 하는 현실은 그를 고립시키고 불안하게 만든다. 하지만 대학에서 만난 재희는 상처받은 흥수에게 다가가 말한다.
"네가 너인 게 어떻게 네 약점이 될 수 있어?"
그 한마디가 오랫동안 가슴에 남았다. 원작과는 다른 생기 발랄한 대학 시절의 배경도 신선했고, 뜻밖에 김고은 배우의 매력에도 푹 빠졌다.
"왜 퀴어 소설을 쓰냐고요? 동시대 우리 사회의 중요한 이야기이기 때문이죠."
김멜라 작가의 이 단순한 대답은 오히려 깊고 명료했다.
"차별과 혐오를, 소설을 통해 다른 언어로 만드는 작업이에요. 거기에 소설가의 역할이 있다고 믿어요."
그들의 이야기를 읽고 나서야 비로소 내 안에 도사리고 있던 고정관념, 그 무심하고 무지한 시선의 실체를 직면하게 되었다. 뒤늦게 위키백과를 찾아 지식을 정리하며, 어쩌면 나도 모르게 누군가에게 상처를 주었을지도 모른다는 생각에 마음이 무거웠다. 진실의 왜곡은 얼마나 많은 억울한 희생자를 만들어냈을까. 그러나 아직 나는 완전히 자유롭지 않다.

"당신의 자녀가 동성애자라면 받아들일 수 있겠느냐?"

이런 질문을 받는다면, 선뜻 대답하지 못할 것이다. 머리로는 이해했지만, 가슴과 발끝까지 그 깨달음이 닿지 못했음을 인정할 수밖에 없다. 그럼에도 확실한 한 가지가 있다. 다수의 힘은 목소리보다 먼저 주먹을 휘둘러서는 안 된다는 것. 섣부른 기준과 잣대는 상처와 반목만 남긴다. 다채로운 음표들이 모여 아름다운 화음을 이루듯, 우리도 각자의 고유한 리듬을 인정하며 함께 어우러질 수 있는 세상이 되었음 싶다.

문학은 그렇게, 뜻밖에도 나를 바꿔놓았다.

슬프고도 아름다운 방식으로.

시아버지와 약탕기

　우리는 살면서 많은 '뜻밖'과 마주치며 산다. '뜻밖'의 사전적 의미는 '전혀 생각이나 예상하지 못함'이다. '뜻밖'에는 당혹, 설렘, 그리고 감동이 있다. 대체로 긍정적인 부딪힘이라 할 수 있는 '뜻밖'은 한 사람의 운명을 바꿀 수도 있다. 첫아이를 갖고 입덧으로 고생하던 때, 시아버지의 예상치 못한 방문은 평생 잊을 수 없는 감동의 '뜻밖'이었다.

　3개월간의 신혼생활이 이어지던 3월, 나는 시내 변두리의 남자 중학교로 발령을 받았다. 곧 입덧이 시작되었고 점점 더 심해져, 결국 학교 근처에서 혼자 자취해야 했다. 계속되는 구토로 의사는 휴직을 권했지만, '독립'을 전제로 시작한 결혼이었기에 생계를 위한 직장 생활을 멈출 수는 없었다.
　9월 중순 수요일 퇴근길이었다. 갖은 색 코스모스꽃이 울타리처럼 늘어선 시골 신작로에는 저녁 햇살이 진홍빛으로 물들어 가고 있었다. 건들바람에 춤추듯 코스모스꽃이 간들거리고, 나는 양 갈래머리가 달랑거리는 박자에 맞춰 울퉁불퉁한 시골길을 나른히 걷고 있었다.

학교에서 자취 집까지는 1km 남짓. 길 양편으로 펼쳐진 들판에는 벼 이삭이 하얀 꽃을 피워 희롱하듯 해뜩거렸고, 머리 위에는 빨간 고추잠자리가 부산스럽게 날고 있었다. 그날도 입덧은 여전했고, 모든 사물이 희미하게 느껴졌다.

어릿어릿 시골길을 500m쯤 갔을 때, 멀리서 하얀 옷을 입은 큰 키의 사람이 손을 흔들고 있었다. 헛것을 보았나 싶었다. 가까이 다가가자, 뜻밖에도 시아버지가 서 계셨다. 나는 놀라 주저앉을 뻔했다. 교육청에 계셔야 할 분이 내 앞에 자작나무처럼 서 계신 현실이 믿기지 않았다.

"어서 와라. 힘들지."

천만뜻밖의 방문이었다. 가슴이 쉴 새 없이 쿵쾅거렸고, 심장은 튀어나올 듯 벌떡거렸다. 나를 보러 오셨다는 사실이 황송했고, 쉽게 믿기지 않았다. 시아버지가 반가웠다. 몇 달간 혼자 참아낸 외로움과 두려움, 죄송함이 한꺼번에 밀려와 서러울 뿐이었다. 눈물이 나왔다.

"오래 기다리셨어요? 아버님, 저 짐 주세요."
"들녘 바람이 좋더구나, 시원하고! 앞장서라. 집이 머냐?"

길가에 놓여 있던 두 개의 상자를 드신 시아버지는 자작거리는 내 보폭에 맞춰, 들녘으로 시선을 흘리며 걸으셨다.
　내가 자취하는 집은 방 둘과 그 사이에 대청마루가 있는 조그마한 기와집이었다. 마루 오른쪽 끝, 내 작은 방으로 시아버지를 모셨다. 들고 오신 두 상자에는 하얀 종이에 곱게 싸인 한약재와 전기 약탕기가 들어 있었다. 시아버지는 준비해 온 긴 플러그를 방 안 콘센트에 꽂아, 약탕기 사용이 편리하도록 내 앉은뱅이책상 옆에 자리를 잡아주었다. 그리고 샘가에 가서 손수 물을 받아 오셨다. 큰 키로 낮은 시골 방을 오가며 고개를 숙이시는 모습이, 보는 나를 더 불편하고 송구스럽게 했다.
　"네가 입덧으로 아무것도 먹지 못한다기에 한약 한 제를 지어왔다. 몸도 보하고, 구역질도 잡아준다고 하니 빼먹지 말고, 꼭 챙겨 마셔라."
　시아버지는 직접 시범을 보이며 약탕기로 한약을 달이는 법을 꼼꼼히 설명해 주셨다. '대웅 곰표 약탕기'라는 큼직한 로고가 박힌 그 약탕기는 유리 본체와 시간·온도 조절이 가능한 전기 하부로 구성된 제품이었다. 우연히 시판 소식을 듣고 구입해 온 것이라 하셨다. 온갖 걱정과 설움이 사라지고 있었다. 출산 전까지 전기 약탕기 속 한약은 쉴 틈 없이 끓었고, 나는 무사히 딸아이를 낳았다.

시인을 꿈꾸었던 시아버지는 고등학교 국어 교사였다. 책상 위에는 늘 도연명의 시집을 비롯해 몇 권의 시집이 놓여 있었다. 학생들의 생활지도와 대입 준비를 돕는 데 늘 매여 있었고, 가장의 책임도 무거웠다. 그렇게 시인의 꿈은 자연스레 멀어졌다. 문학에 대한 미련 때문이었는지, 우수가 엷은 막처럼 드리워진 시아버지에게는 센티멘털한 멋이 있었다. 나는 그런 분위기의 시아버지가 좋았다.

교직에 성실했던 시아버지의 삶은 겉으로는 평탄해 보였지만, 꿈을 접은 탓인지 술과 담배는 늘어갔고 건강도 점차 나빠졌다. 호수 위를 유유히 떠다니는 백조가 수면 아래에서는 분주히 발을 움직이듯, 시아버지는 평안을 위해 부지런히 마음을 다스려야 했다. 그러다 시집 대신 꽃 가꾸기 관련 서적들이 책상을 채우기 시작했고, 꽃을 키우는 일에 몰두하셨다.

처음에는 화분 속 작은 꽃으로 시작된 꽃 가꾸기가 마당으로, 밭으로 확장되었다. 전근 가는 학교며 교육청까지, 시아버지 손길이 닿는 곳마다 꽃동산이 되었다. 특히 돌아가시는 날까지도 국화와 영산홍을 정성껏 키우셨다.

어버이날 무렵 시댁을 찾았을 때, 시아버지는 영산홍이 만발한 꽃밭에서 꺾은 큰 키를 반으로 접고 꽃을 손질하고 계셨다. "왔냐?" 하시는 시아버지의 목소리와 함께, 붉게 물든 5월의 꽃밭은 눈이 시릴 만큼 눈부셨다. 그 순간의 시아버지 모습은 묘하게 낯설고도 몽환적이었다. 그해 말, 폐암 선고를 받으셨다.

생의 마지막을 보낸 병원 정원에도 영산홍이 피어 있었다. 병실 복도에서 내려다본 정원의 영산홍은 꽃 무덤처럼 보였다. 깔때기 모양 그대로 떨어지던 분홍빛 꽃잎들. 늦봄의 어느 날, 시아버지는 조용히 영면에 드셨다. 정년을 1년 앞둔 64세였다.

행복은 상태가 아니라 기억 속에 존재한다고 한다. 우리는 좋은 추억을 마음 한편에 간직한 채 살아간다. 지치고 힘들어 쓰러질 때, 그 기억은 '뜻밖의 따뜻한 위로'로 다가온다. 그것은 분명, 내가 어떤 아름다운 순간을 살아냈다는 증거이기에 힘이 된다. 기억은 아무리 오래되었어도, 우리가 그것을 떠올리는 순간 다시 현재가 된다. 시아버지의 추억을 떠올릴 때마다, 나는 지금도 따뜻하다.

가로등의 온기

 나는 가로등에 대한 특별한 로망이 있다. 그 시작은 전혜린의 에세이 《그리고 아무 말도 하지 않았다》 첫 장에서였다. 물기 어린 1960년대 뮌헨 슈바빙의 거리, 제복을 입은 할아버지가 긴 막대기를 들고 안개 낀 골목길을 따라 천천히 걸으며, 줄지어 선 고풍스러운 가스등을 하나씩 켜 나가는 장면. 그녀는 안개 속에서 레몬빛으로 번져 나오던 불빛이 젊은 날의 불안과 외로움을 감싸주던 온기였다고 썼다. 그 온기는 세월이 흘러도 희미해지지 않는다고, 그녀는 덧붙였다.
 나는 그 장면을 상상하며 책장을 넘길 때마다 가슴이 두근거렸다. 낯선 도시의 축축한 공기까지도 생생히 느껴지는 듯한 감정에서 한동안 빠져나오지 못했다. 그녀의 작품이 많지 않다는 사실이 안타까워 전혜린의 번역서들까지 찾아 읽게 되었다. 그중에서도 루이제 린저의 《생의 한가운데》는 또

한 번 내 마음을 뒤흔들었다.

"나는 절대 평범해지지 않을 거야."

주인공 니나의 이 독백은 전혜린 자신의 목소리처럼 들렸고, 오랫동안 내 삶의 모토로 남았다. 나는 책 속 니나와 전혜린을 동일시했고, 그녀들이 느꼈던 고독과 열망을 함께 품었다. 그 이후로 시대의 관습을 넘어선 여성 선구자들의 예술과 삶에 깊이 매혹되었다. 루 살로메가 밤새 사색하며 걸었을 길 위의 외로운 가로등을 상상해 보기도 했다. 프랑수아즈 사강, 시몬 드 보부아르, 이사도라 던컨, 마리아 칼라스 등 한동안 그들의 그림자를 좇으며 동경했고, 겉멋에 빠져 허우적거리기도 했다.

참으로 풋풋했던 시절이었다. 철없던 사춘기 끝자락, 폼생폼사에 심취했던 감정들은 이제 희미한 추억이 되었지만, 축축한 안개 속을 비집고 은은히 타오르던 오렌지빛 가로등의 감성만큼은 아직도 내 안에 살아 있다. 왜 그 장면이 이토록 깊이 각인되었는지는 나도 알 수 없다.

요즘 나는 그 감정을 동네 원적산 공원에서 문득문득 느낀다. 공원에는 수십 개의 LED 가로등이 줄지어 서 있다. 연회색 철제 기둥은 5미터가 훌쩍 넘는 키로 하늘을 향해 곧게 뻗어 있고, 그 아래 널찍한 받침대는 땅을 단단히 껴안고 있다. 이곳엔 안개 속에서 레몬빛으로 퍼지던 가스등도, 천천히 거리를 걸으며 불을 밝혔던 등불 지기 할아버지도 없다. 대신 차가운 LED 조명이 공원을 환하게 밝히고 있다. 찬란하진 않지만, 또렷하고 단단한 빛이다. 그 빛은 마치 등대처럼 묵묵히 제 자리를 지키며, 하루의 끝을 살아내고 있는 사람들의 밤을 지켜본다. 필요한 만큼 정확히 비추는 그 빛처럼, 삶의 본질에 더 집중하라는 조용한 격려 같다.

가로등 아래를 지나가는 사람들- 트랙을 달리고 걷는 이들, 오솔길을 나란히 걷는 다정한 부부, 농구장에서 공을 주고받는 아이와 아빠의 웃음소리, 화려한 스카프를 두른 강아지를 유모차에 태우고 천천히 밀고 가는 느린 걸음의 할머니, 그리고 벤치에 기대앉은 청춘 남녀들…. 그들 사이에는 말없는 감정들이 조용히 흐른다.

오늘의 LED 가로등도 언젠가 누군가의 기억 속에서 따뜻하게 반짝일 것이다. 그리고 또 하나의 로망으로 회상될지 모른다. 시대가 흐르고 기술이 바뀌어도, 가로등 아래에서 우리는 여전히 삶을 이야기한다. 그리움을 나누고, 추억을 떠올리며, 누군가를 기다린다. 그것이 가로등이 간직해 온 조용하고 오래된 낭만이며, 앞으로 이어질 이야기가 될 것이다.

그 밤, 내 콧잔등 위의 땀방울

"산 사람은 다 산다. 죽은 사람만 불쌍하지."

 황망하게 남편을 떠나보내고 나는 몇 달간 침대에 갇혀 애벌레처럼 웅크리며 어둠 속을 기어다녔다. 덕장의 황태처럼 몸과 마음이 메말라가던 어느 날, 엄마 같은 언니가 녹두죽을 내밀며 덤덤하게 말했다. 그랬다. 언니의 말이 진리임을 증명이라도 하듯, 나는 그럭저럭 살아내고 있다.

 주말이면, 남편에게 억지로 끌려다니던 아파트 둘레길 대신, 나는 동네 공원까지 1.4km를 걷는다. 공원의 단골이 된 지 벌써 1년 반이 되었다. 오늘 공원은 벚꽃 잔치, 사람 잔치다. 신이 난 봄바람이 까불까불 장단을 맞춘다. 딸과 함께 벤치에 앉아 잠시 숨을 고른다. 그때, 옆 벤치의 중년 부부 핸드폰에서 익숙한 음악이 흘러나온다. 영화 〈봄날은 간다〉

의 아코디언 연주곡이었다.

그 영화는 남편과 함께 봤다. 이별의 진통을 겪는 청춘의 아픔이 내내 가슴에 남아 아렸고, 심성락의 아코디언 선율은 영화가 끝난 뒤에도 한동안 여운을 남겼다. 그날 밤, 심야 영화를 즐기던 우리는 만족스러운 얼굴로 극장을 나왔다. 손을 맞잡고 골목을 걸으며 나는 유지태가 멋지다 했고, 남편은 이영애가 예쁘다며 옥신각신하던 기억에 웃음이 나온다. 결국 서로 토라져 등을 돌린 채 잠들었지만, 그래서인지 그날 밤이 더욱 기억에 남는다.

오랜만에 듣는 아코디언 연주에 귀를 기울이자, 청춘이 녹아든 우리의 기억 하나가 벚꽃 향기에 실려 되살아난다.

첫아이의 입덧은 혹독했다. 물 한 모금조차 거부했던 몸은 어느 날, 문득 청량리역의 '홍익회 우동'을 떠올렸다. 대학 2학년 여름방학, 친구들과 만리포 해수욕장으로 떠나기 위해 첫새벽에 먹었던 우동이었다.

"기차역 우동이 먹고 싶어."

책을 읽고 있던 남편은 곧장 책을 덮고, 신병처럼 직각으로 몸을 일으켰다. 밤 11시가 다 되어가던 시간이었다.

도심은 조용했고, 가로등 몇 개만이 어둠을 지키고 있었다. 남편은 자전거에 나를 태우고 실개천을 따라 달렸다. 머리카락을 휘날리며 자전거 페달을 밟는 남편. 발육이 덜 된 깡마른 아이 같던 나는 남편의 등에 힙 색처럼 찰싹 매달려 있었다. 하천의 물결에 따라 떨리는 억새, 가로등 밑 자전거를 타는 남편의 장딴지는 울룩불룩했고, 내 콧잔등 위로 떨어진 그의 땀방울은 여름밤의 별처럼 반짝였다. 구름에 안겨 잠든 달과 함께 우리는 한참을 달렸다.

길가에는 슬레이트 지붕의 집창촌이 붉은빛, 노란빛, 분홍빛의 야릇한 불빛들을 흘리며 너울너울 휘청거리고 있었다. 그 불빛 아래 짙은 화장, 야한 옷차림의 여자들이 간이의자에 권태롭게 앉아 있었다. 우리를 보자 웃음과 야유가 뒤섞인 소리를 터뜨렸다. 마치 웃을 거리가 없어 불행했던 사람들처럼, 밤하늘에 폭죽 터지듯 웃음을 쏟아냈다.

"쳐다보지 마."

남편은 장딴지를 세차게 움직이며 페달을 더욱 힘차게 밟았다. 그의 목덜미에는 땀이 흥건했고, 머리카락에 매달린 땀 한 방울이 또 내 콧잔등 위에 떨어졌다. 다행히 역의 개찰구는 열려 있었다. 우리는 손을 꼭 잡고 우동집으로 들어섰다. 은은한 육수 냄새가 동물적 식욕을 깨웠다.

"우동 두 그릇 주세요."

낡은 양은냄비 안엔 불은 면발, 고춧가루 꽃잎, 쑥갓 한 줄기, 노란 유부 두 조각이 국물 위에서 김을 모락모락 피우고 있었다. 한 젓가락을 입에 넣자, 얼큰하고 비릿한 멸칫국물이 입안 가득 퍼졌다. 말없이 게걸스럽게 먹어댔다. 남편에게 먹으라는 말도 못했다. 그저 엄지를 치켜세우며, 누가 빼앗아 먹을까 봐 두려워하는 사람처럼 쉬지 않고 먹었다. 국물 한 방울까지 핥아먹었던, 진짜 마약 같은 우동이었다. 남편은 그런 나를 바라보며 본인의 우동 냄비를 밀어주었다.

그날, 참으로 오랜만에 맛있는 단잠을 잘 수 있었다. 그 뒤로 우리는 한 번 더 한밤의 자전거 질주로 기차역의 '홍익회 우동'을 먹으러 갔다.

"엄마, 우리도 사진 한 장 찍자."

추억 속에서 헤매던 나를 딸의 목소리가 불러낸다. 남편과 함께했던 내 청춘의 봄날은 저 멀리 가버렸지만, 자연의 봄은 올해도 어김없이 찾아왔다. 나도 아무렇지 않게 살아가고 있다.

쌀 튀밥 같은 벚꽃 망울들이 이슬처럼 가지에 매달려 있다가, 이내 하얀 나비, 분홍 나비 떼가 되어 하늘을 덮는다. 그 속을 걷는 사람들도 너울너울 춤추는 나비 같다. 온 천지가 나비 세상이다. 봄바람이 꽃잎에 추임새를 넣는다. 마음도 계절처럼 변덕스러움을 배운다. 그때, 남편의 귀밑머리에서 흘러내리던 그 땀방울 같은 벚꽃잎 하나가, 오늘도 나의 콧잔등 위로 '톡!' 하고 떨어진다.
봄비다, 꽃비다!

달을 품고 있는 유리잔

　조그만 택배 상자가 왔다. 한동안 온라인 거래를 하지 않았던 나는 의아했지만, 받는 사람 칸에 분명 내 이름이 있었다. 조심스럽게 상자 테이프를 뜯었다. 안에는 여러 겹 뽁뽁이로 야무지게 휘감아져 있어 어떤 물건인지 짐작할 수 없었다. 시간과 공을 들여 풀었다. 달 오브제가 들어 있는 유리잔이었다. 작가의 감사 메시지와 딸이 보낸다는 내용이 들어 있었다.

　"딸! 웬 와인 잔이야?"
　"백화점에서 와인 잔을 구경하는데 문득 아빠가 생전에 엄마에게 입버릇처럼 했던 말이 생각나는 거예요."
　조현영이라는 유리 공예 작가 작품이었다. 호박빛 같은 투명한 초승달이 잔의 중앙, 구(球) 형태의 디딤돌 위에 얹혀 있다. 와인을 따라 마시면 찰랑거리는 흐름에 따라 달빛도 흔들릴 것 같다.

　살아생전 남편은 나를 '유리잔 같은 여자'라 했다. 놓자니 깨지고 붙잡고 있으려니 귀찮다는 것이다. 남편의 표정으로는 그것이 애정 표현인지, 불만인지 분간할 수 없었다. 나는 그저 헤헤거리며 '난 자기 없으면 안 돼.' 하고 못을 박아버렸다. 이제 와 생각해 보면 한 번쯤 그 말에 대한 의미를 확인해 볼 만도 했겠다 싶은데 그 당시 내 귀에는 그 말이 전혀 거슬리지 않았다. 남편의 말이니 으레 자연스럽게 받아들이곤 했다. 내게는 지지해 주고 뭐든 들어주는 남편이 필요했고, 남편은 그러한 무언의 요구를 충실하게 들어주었다. 남편의 배려를 공기처럼 들이마시며 살았다.

　사춘기 시절, 특별한 인생을 꿈꾸며 음악을 전공했지만, 현실은 내 바람과 달리 잔잔하게 흘러갔다. 철없던 나는 이 평범함이 너무 초라하게 느껴졌고, 친구들 앞에 설 자신도 없었다. 허영에 기울어졌던 시선을 거두고, 인간관계의 가지치기를 한 뒤, 비로소 생활 그 자체에 집중하게 되었다. 휴일이면 공부하는 남편은 도서관으로, 나는 아이를 둘러업고 학교에 갔다. 음악 교사로서 합창 지도, 국악 합주 등 많은 음악 경연 대회 준비에 몰입했다. 다행히도 대회 참가 때마다 좋은 성과를 냈고, 그것은 실적이 되었다. 그러나 알 수 없는 압박감 속에 나는 늘 자신을 옭아매곤 했다. 마치 보이지 않는 CCTV가 설치된 듯.

남편이 종합병원에서 나와 개인 병원 개원을 결정했을 때, 나에게 퇴직을 권했다. 그러나 이미 나는 관리자로서의 꿈을 향해 가고 있었다. 사회적 성공을 위한 전진은 멈추지 않았다. 승진을 코앞에 둔 어느 날이었다. 당시 교무부장이던 나는 회식을 할 때마다, 술을 못한다는 이유로 회식 마무리와 대리기사 노릇을 자처했다. 12시가 다 되어서야 회식은 끝났고 두 분 관리자를 각자 집까지 바래다주었다. 집에 도착한 시간은 새벽 1시가 넘었다. 그때까지 자지 않고 기다리던 남편이 소리를 질렀다.

"그만 좀 하라고! 그렇게까지 해야 한다면 당장 때려치우라고!"

집에서는 늘 시체처럼 늘어져 있으면서 밖에서는 한밤중 호위무사 노릇까지 하고 다니는 내가 역겨워 비아냥거렸던 폭발이었다. 그 당시 나는 매사 헐레벌떡 달리는 사람처럼 얼떨떨 정신없이 살았다. 직무에 대한 '성실, 책임감'이라는 포장으로 세상의 욕망을 좇았다. 순간의 주체가 아니라, 순간에 매여 살고 있었다. 체면치레는 주머니 속에 넣어둔 쿠크다스처럼 부서지곤 했다. 그러면서도 사람들과 적당한 거리를 두며 고고한 척, 속물적인 것에 의연한 척했다.

계속되던 여러 갈등도 '내일을 위한 보류'라 우기며 덮어 버렸다. 목표를 향한 나의 성취는 가족들의 무조건적인 시간과 응원이 있었기에 가능했다. 그 이후에는 남편이 더 이상 어떤 타박이나 불평을 대놓고 했던 기억은 없다. 종종 남편은 "너는 유리잔 같아, 크게 숨 한번 고르자."라며 안아주기도 했다.

남편이 암으로 1년간 투병 중이던 때였다. 이듬해 1월 5일 토요일, 계속되던 남편의 앓는 소리가 갑자기 조용해졌다. 나는 창밖에 있던 눈길을 거두고 남편에게 몸을 돌렸다. 세상은 온통 서늘하고 고요한 침묵으로 가득했다. 마치 모든 소리가 흰 눈 속에 묻혀버린 듯, 시간마저 흐름을 멈춘 것 같았다. 메마른 숨소리조차 들리지 않는 정적 속에서, 남편의 손이 힘없이 허공을 몇 번 헤매다 이내 툭, 떨어졌다. 너무도 순간적이었다. 11시 58분이었다.

인생은 60부터라는데, 다 채우지 못한 채 떠났다. 남편의 죽음은 생각해 본 적도 없었던 터라 영정사진조차 있을 수 없었다. 아들의 대학 합격을 축하하며 찍었던 가족사진 중 그의 얼굴만을 떼어내어 독사진을 만들었다. 그렇게 급하게 준비한 영정사진 속 남편 얼굴은 아픔의 고통을 당한 사람이라 생각하기엔 너무도 행복한, 천하를 얻은 듯한 환한 미소로 가득했다. 아들의 앞날을 상상하며 더할 나위 없이 즐거웠던 축하 순간이 영정사진으로 돌아오리라 누가 상상이나 했을까. 한 치 앞도 내다볼 수 없었던 시간이었다.

조현영 작가는 달, 오브제를 선택하는 이유에 대하여 말한다.

"추억에 잠기게 하는 오브제들을 좋아해요. 사용하는 사람들이 기분 좋은 생각에 잠기거나 상상의 나래를 펼칠 수 있거든요."

유리잔을 선물한 딸의 센스가 남편을 닮았다.

너무도 갑작스럽게 혼자가 된 나에게 사람들은 종종 괜찮냐고, 묻는다. 남편의 완전한 호위를 받으며 살았다고 믿어 온 사람들의 우려다. 괜찮다. 생은 항상 한 발짝 뒤에 있고, 그래도 산 사람은 산다는 말은 진리다. 그날그날 행복감을 놓치지 않도록 여유를 가지고 사는 사람이 부럽고, 모든 욕심의 무상함을 알게 된 오늘, 나는 그저 남편의 보호를 유도하며 살아온 너무도 철이 없고 안타까운 아내였음을 깨달을 뿐이다. 이제야 유리잔의 무게를 짐작한다.

3부

어쩌면 삶은 이렇게 벅찬 순간들의 연속일지도 모른다. 차가운 현실을 정면으로 받아들이는 순간, 나는 권여선 작가의 인물들뿐 아니라 시인 최승자의 언어와도 마주했다. 권여선은 소설과 영화 속 인물들의 이야기로, 최승자는 시로 자신의 삶을 드러내며 우리에게 묻고 있었다.

- 따뜻한 파문
- 옹기 항아리
- 그 여자의 책
- 허리를 펴고, 나를 세우다
- 맛있는 입덧
- 검은 재킷
- 아줌마는 없었다
- 철(節)같이
- 퇴직했잖아요!
- 하얀 뿌리
- 고소함과 착각 사이
- 두 여자, 절망의 봄밤
- 아주 보통의 하루

따뜻한 파문

　11월 아침 공기는 투명하게 맑고 맵싸했다. 그날도 어김없이 1km 코스의 공원 산책로를 쉬지 않고 세 번 돌았다. 숨을 고르러 공원 꼭대기 원두막 벤치로 향했다. 원두막 벤치로 가는 좁은 오솔길로 접어든 그때였다. 할아버지와 맞닥뜨린 것은. 나는 빛의 속도로 피하고 있었다. 유해하다고 여겨지는 것을 피하는 인간의 본능적인 움직임이었다. 그 찰나의 스침 속에서 할아버지의 모습은 마치 확대경을 댄 듯, 뇌리에 강렬한 인상으로 남았다.

　할아버지는 세수를 잊어버린 듯, 수십 년 묵힌 보이차 덩어리 같은 거무죽죽한 피부와 좀처럼 표정을 읽을 수 없는 굳은 얼굴이었다. 푸석푸석한 머리카락은 빗질의 흔적을 찾을 수 없이 제멋대로였다. 희끄무레한 눈빛은 소름 끼치는 두려움이었고 그가 보내는 곁눈질은 섬뜩했다. 솔잎처럼 까칠까칠 돋아난 콧수염 위엔 콧물인지 응결된 물방울인지, 대롱거렸다. 일자로 벌어진 입속에서는 담배 연기 같은 하얀 김이 연신 뿜어져 나오고 있었다.

절뚝거리며 걷는 할아버지의 오른손엔 나무로 만든 엉성한 지팡이가 들려 있었다. 금방이라도 휘둘러 댈 것 같아 나는 바람을 일으키며 옆을 지나쳐 갔다. 옷소매라도 스칠까 두 팔을 가슴 안으로 모은 채 뛰는 발걸음 소리가 소음처럼 날카롭고 민첩했다. 허둥대며 주위를 두리번거렸다. 아무도 없었다. 반사적으로 뒤를 돌아보았다. 뒤뚝뒤뚝 걸어가는 할아버지의 뒷모습은, 굽은 등도 어깨도 둥근 선을 그리고 있었다.

노인의 모습은 어릴 적 문둥이에 대해 가졌던 극한의 '무섬증'으로 다가왔다. 어렸을 때 가장 무서운 대상은 '문둥이'였다. 얼굴은 울퉁불퉁 일그러지고 눈썹이 빠지고 코도 무너져 내리고 손발마저 하나씩 떨어져 나가는 괴물이라 했다. 주로 보리밭에서 산다고 했지만 나는 본 적이 없었다. 그러나 가끔 마을에 나타나 음식을 비롯하여 먹거리를 동냥해 간다는 소문이 일상이었다. 치료를 위해 어린애들 간을 빼먹는다는 풍문은 지독한 공포였다. 늦게 귀가하는 날이면 엄마는 '문둥이가 잡아간다.' 한 마디로 두 번 다시 늦지 않도록 단속했다.

나는 문둥이에게 쫓기는 꿈을 자주 꾸었다. 식은땀을 흘리며 고함을 지르다가 놀라 깨어나곤 했다. 그 시절, 사람들은 문둥병을 하늘이 내린 '천형'이라 믿었고, 문둥이는 사람대접조차 받지 못했다. 하지만 세월이 흐르고 의학이 발전하면서 그 무렵을 뒤덮고 있던 괴상한 소문들도 자연스레 자취를 감추었다.

수년이 지난 후 2019년 어느 문학 특강에서 서정주의 〈문둥이〉 시를 접하게 되었다.

…
애기 하나 먹고
꽃처럼 붉은 울음을 밤새 울었다.

단 몇 줄의 시 〈문둥이〉가 낭독되는 순간, 내 시간은 정지되고 있었다. 충격이었다. 강의실 입구의 통유리가 부서져 내렸다. 날카롭게 깨진 유리 한 조각이 내 몸 곳곳을 쪼아대기 시작했다. 붉은 피가 터져 나오는 듯 몸 구석구석이 아려왔다. 손톱을 세워 무릎 위를 꾹꾹 누르며 떨려오는 몸을 진정시키려 애썼다. 뭐라 형언할 수 없는 아픔으로 가슴이 무너져 내렸다. 시를 이해하는 순간 한센인에 대한 무서움은 날아가버리는 듯했다.

그러나 해소되었다고 믿었던 문둥이에 대한 무섬증은 내 무의식 속에 똬리 틀고 있었다. 할아버지를 다음 날에도 그 다음 날에도 마주치자, 공포감이 되살아났고 그 숨어 있던 감정을 자각한 순간 내 안에 잠들어 있던 모순이 고스란히 드러난 것만 같았다. 어쩌면 나라는 사람은 문둥이로부터 도망치려 했던 유년에서 한 치도 자라지 못한 게 아닌가.

처음 부딪쳤을 때 느꼈던 충격적인 두려움은 없었지만 멀리서부터 할아버지를 찾아내어 이리저리 피해 다녔다. 내 평화롭고 우아했던 산책의 리듬은 산산이 부서지고 있었다. 물까치 소리도, 직박구리 소리도 들리지 않았고, 낙엽이 쌓인 갈참나무 숲도, 화려한 은행나무 숲도 보이질 않았다.

첫 이슬과 햇살을 즐기던 아침 산책길의 나는 어느새 괴한을 피하는 불쌍한 도망자 꼴로 변해 있었다. 이런 모습에 화가 치밀어 올랐다. 내게 혐인증이라도 있는 걸까 의심하며 다시는 공원에 오지 않으리라 다짐했지만, 다음 날에도 나는 여전히 공원으로 향하고 있었다.

아기 손바닥만 한 낙엽이 한 잎씩 쌓여가던 11월 말, 할아버지가 보이질 않았다. 공원 어디에도 없었다. 후~ 우! 안도의 한숨이 절로 나왔다. 나의 낙원을 되찾은 듯 세상이 환해졌다. 춤을 추듯 건들거리며 빛나는 가을 공원을 즐겼다. 연회색의 구름이 흘러가는 하늘도 보고 들고양이를 향해 다정한 인사도 나누며 노란 양탄자를 깔아놓은 은행나무 숲길을 걸었다. 그러나 며칠을 보내는 동안 안심했던 마음 한구석에 왠지 모를 공허함과 함께 뭔가 잃어버린 듯 초조해지고 있었다. 그때야 비로소 깨달았다. 할아버지가 더 이상 두려움의 대상이 아닌, 내 산책길의 일부가 되어 있었다는 것을.

치매로 길을 헤매는 시아버지 찾듯, 정신없이 두리번거리며 나는 할아버지를 찾고 있었다. 공원 어디에도 보이질 않은 할아버지가 궁금했고 또 걱정하는 마음이 앞섰다. 할아버지에 대하여 아는 건 절뚝거리는 걸음, 어수룩한 몸짓과 노숙자처럼 누추한 외모뿐이었다. 그런 노인을 왜 두려워했는지 어이가 없고 울적했다.

울가망하여 공원 꼭대기 벤치에 앉았다. 그 아래 100m쯤 떨어진 곳의 벤치가 텅 비어 있었다. 할아버지가 스트레칭하던 곳이다. 애가 탔다. 어쩜, 혼자 사는 독거노인일지도 모른다는 생각이 들었다. 어떻게 하지? 동사무소에라도 알려야 되나? 오만가지 생각에 마음이 뒤숭숭했다. 삶의 깊은 구멍이 뚫린 모습으로 내 곁을 스쳤던 노쇠한 할아버지의 모습은 내 모습일지도 모른다. 누구나, 세월을 통과하는 동안 얼굴에는 얼룩이 지고 빛도 바래어 가는 것은 자연의 이치다.

그렇게 사념에 젖어가며 할아버지를 찾기 위해 공원 곳곳을 헤매던 나흘째가 되던 날, 할아버지를 발견했다. 안도의 긴 숨과 함께 자리에 주저앉고 말았다. 안부를 물으며 걱정했던 내 마음을 전하고 싶었다. 스트레칭하는 할아버지에게 용기를 내어 인사를 건넸다.

"안녕하세요…!"

할아버지 고개가 반쯤 기울고 오긋하게 뜬 눈으로 나를 쳐다보는가 하더니 이내 고개를 돌려버렸다. 그리고 팔을 더 힘차게 휘저으며 스트레칭에 열중했다. 무심함에 서운했지만, 할아버지의 안녕만으로도 마음에 따뜻한 파문이 일었다. 할아버지가 제자리로 돌아오자, 공원은 완벽한 풍경이 되었다. 가을이 깊어간다.

옹기 항아리

　결혼 후 2년간의 월세방을 벗어나 임대 아파트로 이사했을 때였다. 친정엄마가 집들이 선물로 중간 크기의 옹기 항아리를 들고 오셨다. 할머니에게 물려받은 씨간장이 담겨 있었다. 엄마는 좁은 베란다 한쪽에 항아리를 놓고, 이어 두 번에 걸쳐 된장 항아리, 고추장 항아리를 더 가져오셨다. 그렇게 우리 집 베란다엔 암갈색 세쌍둥이 항아리로 작은 장독대가 생겼다.
　나는 노인이 무거운 항아리를 이고 지는 게 걱정되어 불평했지만, 엄마는 아랑곳하지 않으셨다. 젖은 걸레로 항아리를 닦으며 엄마는 말씀하셨다.
　"막내야, 수돗물도 옹기에 담아두면 생수가 된다는 말 못 들어봤냐? 김치며 장도 옹기에 담으면 발효가 잘되고, 쌀도 소금도 매실청도 벌레가 생기지 않고 오래간다. 옹기는 숨을 쉬거든. 네 눈엔 안 보이겠지만."

엄마는 옹기를 자주 닦아주며 손을 타게 해야 한다고 하셨다. 평생 그래 오셨듯 젖은 걸레로 닦고 마른행주로 마무리하며 정성을 들이셨고, 항아리는 투박했지만, 반질반질 윤이 났다. 우리는 엄마가 담근 간장, 된장, 고추장을 먹고 자랐다. 일흔이 되던 해, 늦깎이 막내딸인 나를 키워주겠다며 우리 집으로 오셨다. 아버지가 직장암으로 세상을 떠난 직후였다. 삼 년간 병간호를 지극정성으로 하셨던 엄마는 아버지의 부재 이후 무기력에 빠져 계셨다.

"나는 이제 쓸모없는 인간이 됐다. 얼른 죽어야지."

음식도 잘 드시지 않던 엄마가 어느 날 자청해 우리 집에 오셨다. 오빠와 언니들은 어린 손자들을 돌보겠다는 엄마를 말렸지만, 엄마는 10년 가까이 우리 살림을 도맡아 주셨다. 다시 생기를 되찾은 엄마는 작은 부엌에서 찌개, 국거리, 탕, 사위가 좋아하는 전까지 끊임없이 만들어내셨다.

"엄마, 언제 준비하셨어요?"

"애껴뒀다가 만든 거지, 뭐."

식구들이 엄마의 음식을 즐길수록 엄마의 월남치마는 간간한 냄새로 배었고, 그 손은 쉴 새가 없었다. 그 맛의 비결은 엄마가 손수 담근 장이었다. 팔순이 되던 해 여름, 노쇠해지는 엄마를 더 이상 두고 볼 수 없다며 오빠가 모셔갔다.

엄마가 떠난 뒤 나는 두 번 더 이사를 했지만, 엄마의 유품처럼 옹기 항아리는 늘 따로 챙겼다. 남편은 이제 쓰지도 않는데 왜 자꾸 들고 다니냐며 투덜댔지만, '나중에 나도 엄마처럼 장 담가 먹을 거야. 조심히 옮겨줘.'라고 답했다.

말은 그랬지만, 현실은 달랐다. 베란다 구석에 놓인 항아리는 어느새 내 시야에서 사라졌고, 장을 담그겠다는 다짐은 잊힌 채 시간이 흘렀다. 그러던 4월 초, 시아버지 제사를 앞두고 재래시장에서 생선을 산 후 주차장으로 가던 길. 길가에 놓인 크고 작은 옹기들을 본 순간, 잊혔던 항아리가 떠올랐다. 마음이 덜컥했다.

집에 도착하자마자 베란다로 달려갔다. 먼지가 여러 겹 쌓인 항아리를 마주한 순간, 엄마의 목소리가 들려오는 듯했다.

"이제 오냐?"

항아리를 끌어내어 씻기 시작했다. 수도꼭지를 틀고 먼지를 씻어내며 주둥이와 배, 안쪽까지 닦았다. 먹물 같은 물이 흘러내리다 어느새 반질거리는 항아리가 모습을 드러냈다. 갓 목욕을 마친 여인처럼 송골송골 땀방울 같은 물방울이 맺혔다. 햇살 속에서 엄마의 웃음이 어른거렸다. 항아리들을 거실, 안방으로 들여놓고 마른 꽃을 꽂았다. 토속적인 화병으로 변신했지만, 장독으로 쓰이던 항아리가 장식용으로 전락한 듯해 마음 한구석이 무거웠다. 그때 엄마의 음성이 들려왔다.

"막내야, 고정관념에 얽매이지 말고, 편하게~ 편하게 살아라."

위로받는 기분이었다. 긴 세월 묵은 때를 벗은 항아리는 이제 들숨, 날숨을 쉬며 가족이 된 듯 안정된 자리를 지키고 있다. 이제는 장 담긴 항아리도, 엄마의 넉넉한 미소도 곁에 없지만, 거실의 항아리는 우리 모두를 이어주는 존재로 남았다. 엄마가 함께 계신 듯한 공기가 집 안에 감돌고, 나는 마른행주로 항아리를 조심스레 닦는다. 다음엔 엄마가 좋아하시던 수국을 사다 꽂아야겠다.

그 여자의 책

"책에 줄을 그으시면 어떻게 해요! 공공으로 보는 책에 낙서하시면 안 된다는 것쯤은 알아야 하지 않나요?"

도서관 직원은 반납대에 내가 내려놓은 책을 내밀며 쇠꼬챙이 같은 목소리로 내 수치심을 쑤셔댔다. 깨끗하게 원상복귀를 해서 가져오든지 아니면 변상해야 한단다. 그녀는 눈보라처럼 차갑게 한마디 하고서 쌔~앵! 서가로 들어가버린다. 돌아선 뒷모습에서 짜증의 덩어리가 우박처럼 쏟아져 나오고 있었다. 순간 너무 한다 싶었지만 민망함으로 다리가 후들거렸고, 뒷덜미가 따끔거렸다. 반납을 거부당한 책을 안고 뛰쳐나오고 싶은 맘과는 달리 발목에 모래주머니를 찬 듯 휘청거리고 있었다. 상식도 모르는 무식한 사람 취급받으니 창피함으로 숨조차 제대로 쉴 수가 없다.

도서관 벤치에 앉아 숨을 고르며 책을 펼쳐보았다. '아~

지우는 걸 잊다니!' 한 권의 책 페이지마다 한 줄, 한 줄 연필로 그어져 있었다. 평소엔 한 권의 책을 다 읽게 되면 연필 자국들을 말끔하게 지우고 책을 반납했다. 하지만 오늘은 그걸 잊어버린 채 반납대에 올려놓았던 것이다. 사소한 일이었지만, 그 순간 마음 한편이 허전하게 일렁였다.

세상의 흐름은 변함없이 이어졌지만, 내 안의 시간은 이상하게도 멈춰버린 듯했다. 일상이 부서진 자리, 삶은 활력을 잃은 채 멈춰버린 잔상 같았다. 여름의 끝자락 후덥지근한 날씨가 더욱 권태로웠던 9월 초였다. 거실 전신 거울 속에서 문득 낯선 얼굴과 마주했다. 설마 했다. 그러나 그것은 내가 애써 외면해 왔던 진짜 나의 모습이었다. 늙음이라는 또 다른 내가 너무나 선명하게 응시하고 있었다. 그 순간, 텅 빈 내 삶을 다시 일으킬 무언가가 필요하다는 생각이 들었다. 어쩌면 그 해답은 책에서 찾을 수 있을 것 같았다.

이전의 일상을 찾고자 노력했다. 운동을 시작했고 동네 도서관을 나들이하듯 찾았다. 주로 잡지를 구경하는 수준이었지만 시간이 지나자, 책 대출까지 하게 되었다. 하지만 책이 눈에도 머리에도 들어오지 않았다. 열심히 읽어도, 마치 흐릿한 달빛 아래에서 책을 보는 듯 글자와 내용이 희미했다.

뜻이 또렷하게 잡히지 않자, 연필을 들고 글자를 하나하나

찍어가며 읽기 시작했다. 시간은 걸렸지만, 조금씩 눈에도 머리에도 들어오기 시작했고, 그렇게 책에 밑줄을 그어가며 읽는 나만의 독서가 시작되었다. 그런데 고유명사나 지명, 상호, 특별한 타이틀은 기억이 오래가지 않았다. 결국 80년대 학생들이 영어 단어나 한자를 외우려고 **빽빽**하게 적어 내려가던 '깜지 쓰기' 방법처럼, 나도 같은 방식으로 노력했다.

인간이 망각하지 않고 모든 일을 기억하면서 살아간다는 것은 고통일 것이다. 그러나 며칠 전 읽었던 책의 주인공을, 중요한 단어를 떠올리지 못할 때 그 답답함도 상상 이상의 고통이다. 인간의 기억은 무한하지 않다는 것도, 중요하지 않은 일은 쉽게 잊어버리며 산다는 것도 안다. 늙어서 오는 기억력 감퇴라 가볍게 넘어갈 수도 있다. 그러나 마음이 편치 않다.

책상 위에는 연필을 깎아서 나온 나무껍질, 연필 자국을 지운 지우개 밥들이 어지럽게 쌓여 있다. 딸은 지나가다가 힐끔 쳐다보더니,

"책을 구입해서 읽는다면서요? 이제는 엄마 책인데, 왜 힘들게 지워요? 그래도 책을 아끼는 엄마의 모습이 보기 좋아요!"

책에 줄 긋는 버릇은 노안에서 오는 집중력 감퇴라 하지

만 작가의 맘에 더 가까이 다가가고 싶은 나의 열망 같은 것도 있으리라. 다 읽은 '책'은 비어 있는 내 책장 한자리를 차지한다. 종이책의 촉감이, 냄새가 좋다.

  이제는 어두워지는 눈, 떨어지는 기억력이지만, 그럼에도 내 삶의 잔해들도 꾹꾹 눌러 예쁜 무지개 색칠을 해나갈 것이다. 책을 읽고 필사하고, 글도 쓰면서 너무 외롭지 않게 노년의 삶을 받아들인다. 마음이 곧 내가 사는 세상 아니던가? 오늘도 밑줄을 그으며 나는 책을 읽는다.

허리를 펴고, 나를 세우다

   여행에서 돌아온 어느 날, 딸은 한 장의 사진을 들여다보다가 울상이 되었다. 1월 초, 딸과 함께 9박의 패키지여행으로 호주 멜버른, 골드 코스트, 시드니를 다녀왔다. 평소 사진 찍는 것도, 찍히는 것도 어색한 우리 모녀는 여행 중 사진을 그다지 많이 남기지 않았다. 그나마 첫 방문지였던 멜버른의 '호시어 레인'에서 몇 장의 사진을 찍었다.
   '호시어 레인'은 우리나라 드라마 〈미안하다, 사랑한다〉의 촬영지로도 유명한 곳이다. 이곳은 그라피티 예술의 거리로, 수많은 예술가가 자유롭게 흔적을 남기며 골목 거리 전체를 거대한 캔버스로 만들었다. 벽을 가득 메운 강렬하고 파격적인 작품들은 고함을 지르며 튀어나올 듯했고, 시선을 사로잡았다. '멜버른이 예술의 도시'라는 말이 실감 났다.
   하지만 동시에 '호시어 레인'은 외곽으로 이어지는 좁은 골목에 자리 잡고 있어서 중독자들의 은신처인 마약 소굴로도 유명하다고 했다. 그날도 좁은 골목 한쪽에는 온몸에 타투를 한 청소년들이 길가에 지친 듯 늘어져 앉아 있었다. 순간 마약 중독자가 아닐까 하는 걱정에 등골이 서늘해졌지만, 이들은 공연을 기다리는 관람객들이라는 가이드의 설명을 듣고 우리 모녀는 안도하며 폭소를 터뜨렸다.

마음이 한결 가벼워진 뒤엔 벽화 하나하나를 감상하며, 각자의 방식으로 그림을 읽어내는 재미에 빠졌다. 가이드는 이곳이 '인생 샷'을 남기기에 제격이라며 '불량한 포즈'를 적극 권했다. 숨을 헐떡이며 팀마다 뛰어다니는 그의 모습이 오히려 더 인상적이었다.

'불량스러운 자세가 뭐였더라?'

고민하던 끝에 드라마 〈더 글로리〉 속 연진이와 혜정이, 사라를 떠올리며 그들의 포즈를 흉내 내보았다. 최대한 '불량미'를 살려보려 애썼지만, 사진 속 우리는 불량하기는커녕 허리를 구부정하게 굽히고 다리는 어정쩡하게 삐딱해, 마치 관절이 성치 않은 사람들처럼 보였다. 나는 웃고 말았지만, 딸은 말을 잇지 못했다.

"내 등이 이렇게 많이 굽었었나?"

얼굴에 그림자가 드리워졌다. 약간 충격을 받은 기색이다.

"폼이 안 나…."

이후 자세 교정 밴드, 거북목 스트레칭 기구, 허리 운동 도구 등 각종 제품을 줄줄이 카톡으로 보내왔다.

"엄마, 어떤 게 나을까?"

온 가족이 갑자기 자세 전문가가 된 듯 열띤 토론이 벌어졌다. 아들이 정리하듯 말했다.

"정형외과에 가서 상담받아. 사람마다 체형이 다르잖아."

나는 나름 자세가 좋은 편이라는 말을 자주 들어왔다. 등을 곧게 펴고 바르게 걷기 위해 오랜 시간 의식적으로 노력해 왔다. 하지만 요즘은 다르다. 집에 머무는 시간이 길어지며, 몸은 점점 편한 쪽으로 기운다. 다리를 꼬고 앉거나, 등을 구부린 채 책을 보는 일이 부쩍 늘었다. 가끔은 주전부리를 집어 먹으며 책을 읽다가 '내가 책을 읽는 건지, 책을 먹는 건지' 스스로도 웃음이 나는 순간이 있다.

며칠 전, 공원 트랙을 걷던 중 낯선 어르신이 말을 걸어왔다.

"너무 빨리 걷지 마세요. 앞으로 쏠리면 허리가 굽을 수 있어요."

단순한 조언이었지만, 그 말은 곧장 내 안으로 들어왔다. 나는 그동안 '더 빠르게, 더 멀리'만 생각해 왔다. 정작 '어떻게 걷고 있는지', '어떤 마음으로 걷고 있는지'는 돌아보지 못했다.

'나이는 얼굴의 주름이 아니라 자세에서 드러난다.'라는 문장을 읽은 적이 있다. 혹시 나도 '이제는 늙었다'라는 생각에 스스로를 조금씩 놓아버린 건 아니었을까. 나를 아끼는 마음, 어쩌면 그게 바로 내 몸을 다시 세우는 시작일지 모른다.

그동안 "허리를 펴라.", "자세가 중요하다." 귀에 못이 박히도록 딸에게 말하던 내가, 이제는 딸이 보내온 자세 교정 기구 링크를 찬찬히 들여다본다. 생각해 보면, 딸의 구부정한 자세는 사춘기 시절부터 시작되었는지도 모른다. 성적에 대한 자책, 자신에 대한 불만, 무거운 가방을 메고 도서관과 학교를 오가던 그 시절, 늘 고개를 숙이고, 어깨를 웅크리며 걷던 딸의 뒷모습이 지금도 선하다.

며칠 전, 딸에게서 연락이 왔다.
"정형외과 예약했어."
말투는 진지했지만, 나는 절로 웃음이 났다. 사춘기 시절, 웅크린 자세로 세상을 견디던 아이가 이제는 스스로 허리를 펴겠다고 병원 문을 두드리다니. 그 말 한마디에 우리 집은 어느새 자세 이야기로 들썩이기 시작했다.

딸은 거울 앞에서 허리를 곧게 세우고, 나는 그 뒤에서 배에 힘을 준다. 뭐, 둘 다 완벽한 자세는 아니지만, 자세를 바로잡으려는 그 마음만큼은 반듯하다. 오늘도 허리를 펴고, 거울 속의 나를 다정하게 다독여본다.

"그래, 이 정도면 괜찮아. 완벽하지 않아도, 다시 펴고 살아가는 데엔 충분하니까."

맛있는 입덧

"잘 지내지? 우리 딸 임신했어! 너무 기쁘고, 감사해서 지인들에게 단감을 보냈어. 맛있게 먹어. 참, 지윤아. 아~ 네 딸 너무 욕심부리지 말고, 서둘러 시집보내. 결혼을 시켜야 부모로서 한시름 놓지. 히히….''

높은 시(B) 음의 아카펠라 같은 리듬의 어조가 전화기 너머로 춤을 춘다. 친구의 목소리다. 딸의 임신 소식을 전하며 단감을 보내온 친구는 기쁨에 들뜬 목소리로 말하다가, 결국 내 딸의 결혼 이야기로 대화를 마무리했다. 순간, 마음이 저릿했다. 억지로 목소리를 가다듬고 축하 인사를 건넸지만, 친구의 뜻 없는 말은 좀처럼 마음에서 떠나지 않았다. 그 순간, 1980년대 결혼을 서두르던 나를 만류하던 부모님과 2021년 결혼을 미루는 딸의 모습이 겹쳐지며 마음이 허허로워졌다. 문득 힘들었던 신혼 초가 떠올랐다.

갓 임용된 교직 초년생 시절이었다. 결혼 생활이 채 자리를 잡기도 전에 임신 소식이 찾아왔고, 기쁨보다 막막함이 앞섰다. 심한 입덧 탓에 학교 근처, 혼자 사는 할머니 댁에 방 한 칸을 얻어 지내게 되었다.

할머니는 따뜻한 분이셨다. 밭에서 닭 모이로 따온 호박 반과 손수 만든 고추장을 내주시며, '나도 입덧이 심했는데 이 국은 넘어가더라.'고 하셨다. 칼칼한 고추장 호박국은 잠시 속을 달래주었지만, 토하는 건 여전했다. 주말마다 남편이 가져다주던 짜디짠 갑오징어, 청량한 사탕 몇 알이 그나마 위로가 되었다. 하루하루, 불안과 두려움 속에서 신들을 향해 기도하며 견뎠다. 혹시 영양 부족으로 아이에게 무슨 일이 생기지 않을까, 온통 그 생각뿐이었다

의사는 휴직을 권했지만, 당시 복지제도는 2개월 산가가 막 시행되던 시절이었다. 날마다 야위어 가는 나를 보고 아이들은 '삐삐 선생님'이라 불렀다. 긴 머리를 양 갈래로 묶은 말라깽이 선생님. 그래도 동료 교사들과 학생들의 배려로 학교생활은 겨우 버텼다.

그러던 어느 일요일, 햇살이 맑은 물처럼 고요히 내려앉던 정오였다. 남편과 마루에 나와 햇볕을 쬐다 우물 옆 감나무로 향했다. 감이 주렁주렁 매달려 있었고, 담황색 껍질에는 윤기가 흘렀다.

"단감이야."

남편이 말했다. 그는 감을 따 우물물에 씻어 한입 베어 물었다. 그러곤 눈이 동그래졌다.

"한 입만 먹어봐."

나는 고개를 저었다. 감은 별로였고, 또 토할 게 뻔했기 때문이다.

"아~, 딱 한 입만."

그는 감을 깎아 내 입에 넣었다. 마지못해 씹는 순간, 아삭 부서지는 과육과 함께 입안에 퍼지는 단맛. 그것은 임신 9개월 만에 처음 느껴보는 청량한 쾌감이었다. 놀랍게도 속이 편안해졌다. 나는 남편의 손에서 감을 빼앗아 연거푸 먹었다. 햇살 쏟아지던 가을날, 단감은 생명의 맛이었다.

11월 27일, 23시간의 진통 끝에 정신을 차렸을 때, 딸아이가 내 곁에 있었다. 감사보다는 떨림이 앞섰다. 아이는 눈을 제대로 뜨지 못한 채 내 얼굴을 바라보며 두 손을 허공에서 움찔움찔 움직였다. 마치 '우리가 해냈다'라는 승리의 몸짓처럼.

나는 요즘 젊은이들의 다양한 결혼관을 존중한다. 하지만 딸도 언젠가 결혼하고, 아이를 품고 살아가는 시간을 경험하길 바란다. 아이가 자라는 과정을 지켜보는 일, 그건 부모만이 누릴 수 있는 은밀하고도 위대한 기쁨이니까. 그러나 딸과 친구처럼 때론 자매처럼 인생이라는 여정을 함께 걸어가는 재미도 충분하다.

친구가 보내온 단감을 깎아 딸 앞에 내민다. 칼끝에서 전해지는 아삭한 감촉에 입안이 저절로 반응한다.

"어? 아빠가 좋아하시던 단감이네. 아빠가 계셨으면 엄청 맛있게 드셨을 텐데…."

딸은 딴청을 부린다. 나도 감 한 조각을 집어 든다. 말없이, 천천히, 그리움을 입에 넣는다.

검은 재킷

초인종이 울렸다. 맡겼던 세탁물들이었다. 세탁소 사장님이 세탁물 하나를 들며 겸연쩍게 말했다.

"사모님, 이제 이 옷은 그만 입으셔도 될 것 같아요."

내가 좋아하는 검은 재킷이었다. 겉을 싸고 있는 비닐 옷을 벗겨내고 찬찬히 살펴보았다. 안감의 바느질 자국을 따라 그 주변이 밀려서, 옷 솔기가 머리카락 같은 실이 되어 간당간당 버티고 있었다. 사장님도 세탁하며 무척 신경이 쓰였을 것 같았다. 유별나게 희로애락이 뚜렷했던 우리 부부의 80년대가 저물어 가던 1989년 12월 31일, 남편이 선물한 재킷이었다.

80년대는 '오버(Over)'의 시대였다. 오버사이즈, 오버 컬러, 오버 레이어링, 오버 믹스매치가 유행했다. 여성의 지위가 향상되고 사회 진출이 늘던 시대여서일까. 남성과 함께 일해야 하는 여성에게 중성성을 부여하듯, 슈트에는 남성적인 요소가 첨가되었다. 어깨를 강조한 새로운 슈트 스타일인 '빅 룩(Big look)'이 유행한 것이다. 부풀어진 세계 경제 호황만큼 어깨에 뽕이 많이 들어간 옷을 입은 여성들이 거리를 활보했다.

그 당시 유명 브랜드였던 내 검은 재킷은 처음부터 마음에 쏙 들었다. 옷감은 적당한 두께감의 폴리 혼방 소재였고, 부들부들하면서도 차지고 날렵하게 아래로 떨어지며 단정했다. 당시 유행했던 '뽕 어깨'가 아닌 과하지 않은 패드도 좋았다. 착 떨어지는 핏은 당당하고 에지 있어 보였다. 좀 좁다 싶은 칼라는 앞섶 끝까지 이어져 날씬해 보이는 착시 효과도 주었다. 또한 원 버튼의 금장 알루미늄 단추는 은은한 반짝임으로 고급스러움을 더했다. 재킷은 전체적으로 베이식한 디자인이라 일상에서 간편하게 입기만 해도 스타일리시한 매력을 느낄 수 있었다.

나는 이 재킷만 입으면 세련된 커리어 우먼의 당당한 분위기를 연출할 수 있다고 확신했다. 세탁소 사장님이 '인제 그만 입으실 때도 됐다.'고 말하기 전까지는 말이다. 단 한 번도 유행이 지나 촌스럽다거나 낡아서 폼이 안 난다고 느끼지 못했다. 그 까닭은 뭘까?

문득 대학 시절부터 지금까지 나와 일상을 나누는 찐 친구가 생각났다. 그녀는 캠퍼스 퀸으로 청순한 얼굴, 큰 키, 몸매, 착한 심성 등 모든 게 빠지지 않는 친구였다. 다른 친구들은 초로의 늙어가는 자신에게 연민을 느끼기도 했지만, 유독 그 친구를 가장 안타까워했다. 그러나 나는 그 친구가 나이가 들어 변했다는 것을 인정할 수가 없다. 내 눈은 대학 시절 부러움을 자아내던 그 모습 그대로 기억한다.

 나는 재킷도 내 친구 같은 존재였다는 걸 깨달았다. 남의 눈엔 낡아 이제 그만 입으라고 하지만, 나는 내 옷이 보기에 흉해졌다는 걸 깨닫지 못한다. 그렇다. 정말 좋아하는 것은 좋아했던 시점에서 영원히 머물러 버린다는 것을 내 친구도, 이 재킷도 말해주고 있었다.

 유행은 돌고 돈다. 80년대 과한 '뽕'의 유행은 오래가지 못했지만 2020년대에 다시 등장했다. 지금의 세대들은 패션 트렌드에 쉽게 외면당했던 80년대의 '오버'에 차라리 참신함을 느끼는 것인지 모른다. 에로틱한 여성성을 강조한 패션으로 선풍적인 인기를 끌었던 팝가수 마돈나도, 온 세계인의 이목을 끌었던 영국의 왕세자빈 다이애나의 로맨틱한 패션도 변하지 않은 80년대의 풍미이다. 세상도 유행도 바뀌어 가지만, 어떤 인연은 변하지 않은 채 영원히 함께한다.

아줌마는 없었다

　원적산 골짜기에 쌀 튀밥처럼 몽글몽글 꽃망울이 피어오른다. 진한 향기를 풍기며 아카시아꽃이 5월 새벽을 연다. 나는 늘 그렇듯 원적산공원으로 향한다. 그 길목엔 오래된 재래시장이 있다.

　이곳은 한때 어깨를 부딪히며 오가던 사람들, 흥정 소리와 삶의 활기로 가득했던 곳이다. 하지만 이제는 "자진 철거 기간이 종료되었습니다."라는 붉은 페인트 글씨가 기울어진 시멘트 벽을 따라 괴기스럽게 흘러내리고 있을 뿐이다. 흉물처럼 버려진 점포들 틈새로 몇몇 가게만이 명맥을 잇는데, 그마저도 금방이라도 문을 닫을 듯 위태로워 보였다.

　그러나 도로에 '늘 그린 즉석 손두부' 간판을 내놓은 두부집만은 분주하다. 도로는 이른 아침부터 뜨거운 김이 피어오르는 손두부 좌판으로 언뜻 잔칫집 앞마당 같다. 손두부집은 부부가 운영한다. 남편은 작달막한 키에 통통하고 하얀 얼굴에 푸근한 인상이다. 그에 비해 부인은 깡마른 몸에 까만 얼굴로 표정이 없다. 〈수상한 그녀〉에서 나왔던 심은경의 뽀글이 파마와 똑같은 머리 스타일을 하고 있다. 유행에 뒤떨어진 우스꽝스러운 머리가 오히려 개성 있어 보인다. 아줌마는 감색 티에 꽃무늬 몸뻬, 노란 장화를 신고 조용히 손 두부를 판다. 가슴부터 무릎 아래까지 덮어버린 두터운 마 회색 앞치마가 프로다운 신뢰감을 준다.

나는 1년여 가까이, 한 주에 한 번은 두부 가게를 들렀지만, 아줌마가 말하는 모습은 보지 못했다. 좌판 위에는 방금 만들어진 즉석 손두부 한 판이 뜨거운 온천수처럼 김을 뿜어낸다. 야들야들거리는 하얀 피부의 두부가 출렁댄다. 항상 두부 판 앞에 서 있던 아줌마가 오늘은 보이지 않는다.

"아~줌마~."

가게 안에 대고 소리쳤다. 그때 안에 있던 아줌마가 '나?' 하는 제스처를 하며 나왔다.

"아줌마 두부 한 모 주세요."

아줌마는 민첩하게 칼을 들고 두부의 판을 자르기 시작했다. 처음으로 자세하게 손을 보았다. 손가락이 유난히 길었다. 뼈가 도드라진 투박한 손이었지만 콘트라베이스를 연주하면 좋겠다고 생각했다. 그때였다.

"야, 어제 산 콩 어디에 뒀냐?"

"형님이 고무 양동이에 담았잖아요!"

굵은 남자 목소리가 튀어나온다.

'엥? 아줌마가 남자였어?'

그날의 오해는 비단 두부집 부부만이 아니었다. 나의 고정관념이 빚어낸 또 다른 기억이 있다.

내가 교사로서 마지막 담임을 맡았던 때의 일이다. 중학교 3학년 1반이었는데 3월 학기 초부터 지각 조퇴 결석을 반복하는 학생이 있었다. 엄마와 둘이 사는 아이였다. 엄마와는 전화 통화가 되지 않았고 직장인이라 가정방문도 소용이 없는 형편이었다. 학생을 통해 편지도 보내고 여러 가지 방법을 동원해 보았지만, 연락이 닿지 않았다. 애를 태우며 3개월이란 시간이 흘러간 5월 말이었다.

기적 같은 학생 엄마의 전화를 받았다. 다음 날 오전에 학교를 방문하겠다는 내용이었다. 너무도 반가웠다. 나는 오전 수업 2교시를 오후로 모두 돌려놓고 교무실에서 무작정 기다리고 있었다. 때마침 그날은 20년 전 가르쳤던 제자의 방문이 약속되어 있던 날이었다.

10시가 넘은 때였다. 교무실에 혼자 남아 잡무를 보고 있었다.

"선생님~."

누군가 교무실에 들어섰다. 연갈색의 긴 생머리가 찰랑거리고, 찢어진 스키니 진에 발목까지 올라온 부츠, 느슨한 하얀 니트를 걸치고 까만 파우치를 들고 있었다.
　"야! 너 너무 세련되고 예쁜 아가씨가 되었구나. 몰라보겠다, 얘!"
　중학생 시절 버릇대로 제자를 덥석 안으며 꼭 껴안아 주었다. 어깨동무도 하고 엉덩이를 두드려주며 원탁자로 안내했다. 그때 암팡지게 껴안은 내 팔 안에서 기어들어 가는 목소리로 "선생님, 저 정우 엄마예요." 대답이 흘러나왔다. 아뿔싸! 학생 엄마였다. 얼굴이 화끈 달아올랐다. 반사적으로 그녀를 밀치고 말았다.
　아가씨는 긴 생머리, 아줌마는 꼬불꼬불 파마머리를 하고 있을 거라는 나의 고정관념이 빚어낸 어처구니없는 실수였고, 나의 여성상에 대한 인식이 얼마나 편협했는지 깨달은 일화였다. 이러한 내 멋대로의 정형화된 사고는 때로 황당한 오해를 불러오기도 한다. 나이가 들수록 세상만사 그게 그거라는 매너리즘에 빠지기 쉬운 데다, 퇴직 후 사회생활마저 멈추니 사고는 더더욱 경직되어간다.
　세상 변화의 중심에 있을 수는 없다. 그러나 벽처럼 단단한 고정관념과 타성, 오래 묵은 편견을 무너뜨리고 밖을 향한 창으로 시야를 돌려야겠다. 바쁘다는 핑계로 무관심했던 이웃에 대하여, 사회 불편한 것에 대하여 주의를 기울이면 젊은 날보다 자유롭고 생동감 넘치는 삶이 될 수 있을 거라는 기대를 갖는다.

집으로 돌아오는 내내 나도 모르게 풋풋한 웃음이 터져 나온다. 손두부집 형제에 대한 오해로 인해 쓸쓸하고 허술한 철거지역 시장에 잠깐의 생기가 돈다. 긍정적인 착각은 때론 주변에 웃음을 주며 삶의 긴장을 풀게 하니 크게 나무랄 일만은 아닌 듯싶다. 그러나 좀 더 진지한 눈으로 세상을 보고자 다짐해 본다.

묵은 김치를 꺼내어 들기름에 달달 볶는다. 아직도 김이 모락거리는 두부도 썰어 볶음김치 한 점을 얹고, 그 위에 내 주책스러운 착각도 얹어본다. 묵은 김치와 두부의 따뜻한 기운이 속을 채운다. 아! 맛있다.

어쩐지, 오늘 하루는 잘 살아낼 수 있을 것 같다.

"아저씨, 여기 두부 한 모요!"

경쾌하게 외쳐 본다.

철(節)갈이

"엄마! 저 왔어요!"

아들이 더운 공기와 함께 성큼 거실로 들어선다. 예고 없던 방문이다. 순간 시계를 봤다. 금요일 저녁 8시를 지나고 있다. 반가움보다는 걱정이 앞섰다.

"무슨 일 있니?"

나도 모르게 튀어나온 인사의 말치고 참 무색하다.

"아뇨, 엄마 여름이 다가오잖아요. '철갈이'해야죠?"

정말로 계절은 봄에서 여름에 자리를 내주고 있었다. 여름 '철갈이' 시기였다. 우리 부부는 맞벌이라는 이유도 있었지만, 집안일 구분은 명확했다. 주방일, 빨래를 제외한 집안일은 남편 몫이었다. 남편은 철 따라 준비하는 '철갈이'만큼은 아들과 함께했다. ('철갈이'는 남편이 붙인 이름이었다.)

계절이 바뀌면 철 따라 사용되는 냉난방 기구와 오래된 전

등을 점검하고 창고, 베란다, 세탁실, 화장실 배수구 등등, 집안 곳곳을 보수했다. 부자가 '철갈이'하는 날이면 나는 딸과 함께 목욕탕을 찾아 노곤한 심신을 담그며 쉬곤 했다.

　아들은 고등학교 졸업 때까지 '철갈이'에 군말 없이 동참했지만, 대학에 가면서 남편 혼자의 몫이 되었다. 남편이 떠난 뒤, 생각지도 못했던 '철갈이'를 아들이 잊지 않고 있었던 모양이다.

　"엄마, 불편한 것들 얘기해 주세요."

　아들은 고장 난 샤워기, 접촉 불량인 컴퓨터 키보드, 탈취제 등을 교체해 주었다. 3개월 전부터 깜박거리는 나의 건망증 같은 거실 전등도 갈고, 난방기는 깨끗하게 청소한 후 비닐에 싸서 창고에 갖다 넣었다. 선풍기, 에어컨도 청소하고 여전히 월동 중인 우리 집 세탁실의 뽁뽁이 제거하는 일도 아들은 빼먹지 않았다. 아들의 철갈이는 토요일 정오가 되어서야 마무리되었다. 아빠의 몫이었던 일을 제 몫이라 여기는 아들이 있어 든든했다.

　"엄마, 내년에는 방충망을 교체해야겠어요."

　"왜? 문제없는 것 같은데?"

　"아니에요. 많이 낡아서 살짝 손가락만 대도 부서질 것 같아요. 올해는 그냥 지내시고요, 내년에 교체할게요. 비용은 엄마가 준비하세요. 크크."

그러곤 뭐가 바쁜지 마스크도 손에 쥔 채 떠난다. 허둥거리며 되돌아가는 아들의 어깨 위에 한 짐의 피곤이 얹혀 있다. 아들이 닫고 나간 현관문 앞에서 한동안 서성거렸다. 나는 왜 못하지? 독립해 나가 사는 바쁜 아들이 시간을 내어서 해줘야만 할 정도로 힘든 일인가? 퇴직하고 하루하루 지루한 시간뿐인 나인데…. 바쁜 아들 손을 빌리며 살고 있는 나를 오늘에서야 알았다.

정신분석학에서는 아이가 어른으로 성장하기 위해서 '대상 상실'이 필요하다고 말한다. 상실이란 자신이 모든 것을 가질 수 없으며 부족함이 존재하는 현실을 수용하는 과정이다. 미국에서 유행하는 밈 중에 'Adulting is hard'라는 것이 있다고 한다. 의역하자면 '어른 해 먹기 어렵다' 정도인데 스스로 빨래를 해보지 않아 세탁기 사용에 애를 먹는다든가 매달 날아오는 고지서 처리가 얼마나 힘든지를 직접 납부해 보고서야 깨닫게 되는 것을 말한다.

다행인지 불행인지 나는 노년에 와서 'Adulting is hard'를 하게 되었다. 남편이 떠난 뒤 관청으로부터 독촉장을 여럿 받았다. 그중, 놀라웠던 것은 내 자동차세 체납 독촉장이었다. 운전을 30여 년 동안 해 왔지만, 자동차세가 있는지도 모르고 살았다. 부끄러운 얘기지만 인터넷 뱅킹도 이용하지 않는다. 디지털 세상에 관심 두지 않거나 외면하는 것은 아니지만 세상살이에 뒤처진 꼴이 되고 말았다. 꼼꼼하고 바지런한 남편 덕분에 그랬던 것 같다. 그 사이 남편이 담당했던 일들은 어느새 아들에게 넘어가 있었고 아들의 헉헉거리는 모습을 의식하지 못했다. 이기적이고 어설픈 어미의 모습이 참으로 민망했다.

  그간 부모님, 남편의 손에 매달려 살았던 삶의 궤적은 다 지워버려야 한다. 부팅을 하든, 리셋하든 최적화된 나만의 시스템으로 삶을 살아내야 한다. 거창한 계획은 없지만 돌이켜 보면 우리는 살아가면서 세상을 배우는 존재였음을 안다. 누구나 혼자이지 않은 사람은 없다. 황량하고 깜깜했던 순간도 겪는다. 텅 빈 것의 가득한 여운을 소중히 여기고, 뻥뻥 뚫린 구멍으로 바람을 불러들이고, 뻥 뚫린 천장을 통해 달과 별도 초대하며 겸손하게 받아들인다. 새로운 삶이 주는 즐거움도 있을 것이고 결국 내 일상이 될 삶이다. 베란다로 나간다. 굳게 닫혀 있던 커다란 창문을 낑낑거리며 열어젖힌다.

퇴직했잖아요!

"○○은행입니다. 마이너스 통장 만기 도래 안내드립니다."
 연말이면 도착하는 문자다. 1999년, Y2K며 세기말의 불안이 떠돌던 해, 나는 처음으로 마이너스 통장을 만들었다. 은행 창구 직원이 말했다.
 "공무원이시면 천만 원 이상도 가능합니다."
 나는 어깨를 움츠리며 대답했다.
 "그냥, 오백만 원만…."
 누구나 하나쯤 갖고 있길래, 나도 따라 만든 통장이었다. 그게 훗날, 내 삶을 설명하게 될 줄은 몰랐다. 지갑이 텅 비는 순간에도 기댈 곳이 있다는 생각, 눈에 보이지 않는 비상금이 있다는 사실만으로도 마음은 한결 든든했다. 하지만 다행인지, 혹은 투자에 영 소질이 없었던 탓인지, 내 통장은 마이너스의 수렁에 빠지는 일 없이 착실한 계좌로 남았다.

그러던 어느 날, 퇴직하고 1년쯤 지났을 무렵 낯선 문자가 도착했다.

"최근 1년간 대출 실적이 없어, 한도액이 20% 삭감됩니다."

빚을 지지 않았다는 이유로 신용이 깎인다는 설명이었다. 설탕을 줄였더니 싱겁다고 핀잔 듣는 기분이랄까. '어차피 안 쓰면 좋은 거잖아~.' 하고 넘겼지만, 꼬박 1년 뒤 또 비슷한 문자가 날아왔다.

"실적이 없어, 한도액이 10% 삭감됩니다."

'뭔 소리야! 낭비하지 않으면 상 줘야 하는 거 아냐?' 은행을 찾아갔다. 담당자의 대답은 짧고 분명했다.

"퇴직하셨잖아요."

그제야 깨달았다. 은행이 말하는 '신용'이란, 아끼며 사는 성실함이 아니었다. 꾸준히 빚을 내고, 제때 이자를 납부하는, 오로지 은행을 위한 '성실함'만이 증명되는 게임이었다. 마이너스 통장은 사회가 현역에게만 발급하는 '빚의 자격증'이었고, 퇴직과 동시에 나는 신용도, 존재 가치도 사라진 무용(無用)한 고객이 되어 있었다.

세상은 나를 향해 조금씩 경계선을 긋는다. 출근도, 월급도, 대출 한도도 하나둘 사라진다. 더 이상 나를 '현재진행형'으로 여기지 않는다. 물론 나는 여전히 멀쩡히 살아 있다. 웃고, 화내고, 하루 두세 끼씩 잘 챙겨 먹고, 연금도 받고,

입출금 통장도 잘 쓰고 있다. 마이너스 하나쯤 사라진다고 밥숟가락을 내려놓을 일은 없다. 그런데도, 성실하게 쌓아온 시간이 '무실적 계좌'라는 여섯 글자로 단정되는 건 어쩐지 서운하다.

사회의 중심에서 바깥으로, 보이지 않는 힘이 나를 밀어낸다. 뒷맛이 씁쓸하다. 그래도 괜찮다. 나는 여전히 신용보다 사람의 온기를 믿고, 대출 한도보다 동네 공원의 여유가 더 소중하다. 성실히 살아온 날들이 나를 배신하지 않음을 알기에, 이제는 사라진 마이너스 통장 대신, 이자 없는 하루를 천천히 걸어간다.

올해도 문자가 오겠지.

"○○은행입니다. 마이너스 통장이….''

그땐 그저 빙그레 웃어주고 싶다. 그리고 마음속으로 답하겠다.

"마이너스 없이도, 인생은 충분히 플러스입니다.''

숫자가 증명하지 못한 시간, 하루하루가 나의 진짜 신용이 되어줄 것이다.

하얀 뿌리

"딸, 내 뒷머리 염색 좀 도와줘!"

딸의 방을 향해 소리쳤다.

"엄마, 그냥 놔두세요. 흰머리도 멋있던데요."

무심하게도 딸은 내게 한마디를 건넨 후, 염색약 묻은 빗으로 내 정수리를 몇 번 쓱쓱 빗겨주더니 이내 자기 방으로 들어가버렸다. 그냥 자연스럽게 늙으라는 말처럼 들려 괜스레 서운했다. 그 순간, 오래전 흰머리의 엄마 모습이 떠올랐다.

엄마는 화장기 없는 얼굴에 동백기름 바른 긴 머리를 단정히 쪽찌며 평생 같은 머리 모양을 고수하셨다. 염색한 머리칼에도 흰머리가 하나둘 보이기 시작하면, 종종 내게 족집게를 건네며 정수리 흰머리를 뽑아달라고 부탁하시곤 했다.

내 기억 속 엄마는 늘 바쁘셨다. 부엌에서 분주히 움직이거나, 알록달록한 월남치마를 입고 흰 세수수건을 두건처럼 머리에 얹은 채 일을 하시던 모습이다. 나에겐 엄마의 젊은 시절 모습이 없기에, 늘 '할머니' 같다고 생각했다. 하지만 가끔 외출하실 땐 백옥 같은 고무신에 하얀 버선을 신고, 하얀 모시 저고리와 겨잣빛 모시 치마를 곱게 갖춰 입으신 후 옅은 갈색 비녀로 머리를 단정히 마무리하셨다. 그 단아한 자태는 내 친구 승희 엄마의 세련된 투피스 차림과는 비교할 수 없는 기품이 있었다.

엄마는 칠순이 넘어서도 노후의 여유는커녕, 막내딸의 살림을 정성껏 돌보며 80세까지 또 한 번의 인생을 살아내셨다. 정갈한 부엌에서 매 끼니 온기가 어린 밥상을 차려주셨고, 기름진 음식을 좋아하던 사위를 위해 주방에서는 늘 고소한 냄새를 풍기며 철 따라 다양한 음식을 만들어주셨다. 손주들에게 부모의 삶을 이해시키고 남매의 정을 늘 강조하셨던 엄마였다.

어릴 적 내 아이들은 입버릇처럼 '엄마는 피곤해서 휴식이 필요해요!'라고 외치곤 했다. 이는 멀리 출퇴근하는 막내딸의 고단함을 헤아리려 했던 엄마의 마음이 담긴 가르침이었다. 더 많은 사랑을 받는 듯한 동생에게 질투를 보이던 딸에게는 '예쁜 짓을 하면 누구라도 사랑받는단다!' 하시며 지혜롭게 타이르시기도 했다. 그 가르침 덕분인지, 우리 아이들은 어른이 된 지금도 어김없이 나를 잘 챙기고 남매의 남다른 우애를 나누고 있다.

　엄마는 인정이 많았다. 어려운 이웃이나 친척은 물론, 지나가는 외판원에게조차 소홀함 없이 따뜻하게 대하며, 요구르트 한 병이라도 꼭 건네곤 하셨다. 부엌의 개미도 귀하게 여기셨고, 장독대의 간장 항아리도, 광 속의 쌀독도 고개 숙여 감사하는 마음으로 대하셨다. 엄마는 그렇게 자신의 자리에서 묵묵히 삶을 지켜내셨다.

　이제, 그 엄마의 시간이 내게도 찾아왔다. 그토록 싫어했던 엄마의 '할머니 같은 모습'이 예전 같지 않은 체력과 거울 속 하얗게 변해가는 머리칼에서 고스란히 드러난다. 어느새 내 머리에도 하얀 뿌리가 조용히 내려앉아, 검은 머리를 밀어내고 서서히 자리를 넓혀간다. 부끄럽지 않다고 애써 다독이지만, 문득문득 자신감이 꺾이는 순간이 있다. 결국 파마를 풀고 긴 머리를 단발로 잘랐다. 그 순간, 영락없는 그 시절 엄마의 모습이 내게서 겹쳐 보였다.

　내 머리에 하얀 뿌리가 내리고, 쉰을 훌쩍 넘긴 나이에 와서야 비로소 엄마의 삶을 제대로 들여다보게 되었다. 엄마의 따뜻함과 베풂은 누군가에게 보여주기 위한 것이 아니라, 몸에 밴 습관이자 자연스러운 삶의 방식이었다. 그렇게 한평생을 살아오신 엄마가 결국 병상에 누워 평생 간직했던 긴 머리를 자르고 염색도 멈춘 채 백발이 되었을 때, 엄마에 대한 깊은 존경심에 나는 울었다.

흰색은 빨강, 파랑, 초록, 빛의 삼원색이 모여야만 비로소 만들어지는 색이다. 순수함과 청결, 때로는 공허함을 상징하기도 한다. 어쩌면 인생도 흰색과 닮았다. 우리는 벌거벗은 아기로 태어나 초록의 꿈을 꾸고, 치열한 시간을 거쳐 가정과 일터에 헌신하며 산다. 그리고 이제, 청춘의 불길은 잦아들고, 흰머리와 흰 뿌리가 남았다. 그것은 자연의 순리이자, 살아온 날들의 흔적이며, 쌓아온 경험과 지혜를 나눌 때가 되었음을 알려주는 징표다. 엄마가 그러셨듯, 나도 삶에서 체득한 지혜로 누군가의 곁을 조용히 지키고 싶다. 낯설지만 또렷한 뿌리처럼, 나의 노년도 단단하고 깊은 생명력으로 이어지길 바란다.

고소함과 착각 사이

아침 TV 프로그램의 80%는 건강 얘기다. 혈관이 막히면 큰일 난다고 하고, 허벅지를 키우라 하고, 뇌 건강엔 단백질이니, 비타민이니, 지방이니 뭐니-. 보다 보면 나는 어느새 메모지에 줄 긋고 있다.

'지방 부족 → 뇌 쪼그라듦 → 곶감 뇌 → 존엄 상실 → 공포.'

그날도 그랬다. TV에서는 기세등등하게 뇌 사진을 보여주고 있었다. 정상인의 뇌는 **빵빵**했지만, 지방이 부족한 뇌는 말라비틀어진 무말랭이처럼, 슬프게 주름졌고 쪼그라들어 있었다. 그걸 본 순간, 나도 모르게 외쳤다.

"안 돼! 내 뇌 지켜야 해!"

호두, 아몬드, 땅콩- 견과류 삼총사가 내 머릿속을 지나갔다. 문득 시장 좌판 끝머리에 쌓아 놓았던 땅콩이 떠올랐다.

우리 아파트 단지엔 수요일마다 장터가 열린다. 과일, 채소, 생선, 옷가지, 잡화, 잡곡, 반찬 등 없는 게 없다. 그 다양한 물건들 사이, 나는 땅콩 좌판 앞에 섰다. 마흔은 훌쩍 넘었을 능글맞은 본새였지만, 총각처럼 보이던 그가 모자를 푹 눌러쓰고 앞치마를 두른 채 환하게 인사했다.

"누나~ 땅콩 사러 오셨어요?"

'누나'라니! 그 말이 귀에 닿는 순간, 나도 모르게 허벅지가 조였다. 괜히 젊어진 듯한 기분이면서도 민망해서 얼굴이 화끈거렸다. 나는 눈을 피하며 중얼댔다.

"저기요…, 누나는 무슨…."

그는 능청스럽게 웃으며 말했다.

"고객은 많죠. 누나는 한 분이에요~."

이게 상술인지, 아니면 고소한 땅콩에 슬쩍 묻어 나온 감언이설인지…. 지나친 상술이라는 걸 뻔히 알면서도 모른 척 지나친다. 순간, 황당하고 너무 들이대는 것 같아 민망했지만 중요한 건, 즉석에서 볶아주는 땅콩이 너무 맛있다는 거다.

그가 '강화 땅콩'이라며 한 주먹 쥐어 건넨 땅콩은 고소하고 신선했다. 호두는 너무 기름지고, 아몬드는 껍질이 거슬리는데, 강화 땅콩은 내 입맛에 딱 맞았다. 그날 이후 나는 매주 땅콩 한 됫박씩 구입했다. 질리지도 않고 꾸준히 먹는다.

수요일 11시가 되면, 내 발걸음은 자동으로 그의 가판대로 향한다. 익숙해져버린 그의 인사도 언제나 같다.

"누나~ 오늘도 한 됫박?"

가끔은 집에 땅콩이 남아 있어도, 중간에 떨어질까 봐 어김없이 사게 된다. 고소한 땅콩 한 됫박, 그리고 고소한 말 한마디에 기분까지 고소해지는 수요일. 그야말로 소고소행(小고소幸)이다.

사실 익숙해졌다 해도 '누나'라는 호칭은 들을 때마다 젊어지는 듯한 설렘과 함께 어색함을 안긴다. 어쩐지 귀가 달아오르고, 민망해서 자꾸 눈을 피하게 된다. 그래도 까만 비닐봉지에 담긴 땅콩을 흔들며 아파트 둘레길을 걷는 그 순간만큼은, 왠지 모르게 발걸음이 가볍다. 한 알씩 까먹는 땅콩의 고소한 맛에 취해, 그 총각의 애교 섞인 말투가 떠올라 혼자 킥킥 웃기도 한다. 그러다 갑자기 주변을 의식하며 자세를 바로잡는다.

뭐, 어때! 아직은 뇌도, 마음도 쪼그라들기엔 이르잖아. 간질간질한 이 기분, 나쁘지 않다.

두 여자, 절망의 봄밤

영화 〈봄밤〉을 봤다. 권여선 소설을 원작으로 한 강미자 감독의 독립영화다. 이 작품은 2025년 제75회 베를린국제영화제 '포럼(Forum)' 부문에 초청되었고, 제13회 무주산골영화제에서 뉴비전상을 수상했다. 그만큼 많은 이들의 관심을 받고 있다는 사실이 반가웠다. 몇 년 전 소설을 읽으며 느꼈던 짜증스럽고도 애달픈 감정이 되살아났다. 영화로 옮겨진 이야기는 여전히 벅찼다. 눈물은 두 번으로 그쳤지만, 마음은 오래도록 먹먹했다.

국어교사였던 영경과 철공소를 운영하던 수환은 각자의 첫 결혼 실패, 이후 알코올 중독과 불치의 류머티즘에 시달리며, 모든 것을 잃고 죽음의 그림자와 함께 살아간다. 친구의 결혼식에서 우연히 마주한 두 사람은 서로의 상처를 바라보며 그저 곁을 내어준다.

술에 전 영경의 입에서 반복되어 흘러나오는 김수영의 시 〈봄밤〉.

> 애타도록 마음에 서둘지 말라.
> 강물에 떨어진 불빛처럼
> 혁혁한 업적을 바라지 말라.
> 개가 울고 종이 울리고 달이 떠도 너는 조금도 당황하지 말라.
> 술에서 깨어난 무거운 몸이여
> 오! 봄이여."

그 시구는 영화의 분위기와 겹치며 눌린 감정을 더욱 선명하게 드러냈다. 무력감은 시로 응고되고, 현실은 눈물이 되어 고였다. 삶이 눈물과 시로 바뀌는 순간이 미워, 억울한 분노가 치밀었다. 사랑과 상실의 감정을 응축해 영화적 아름다움으로 담아낸 작품이었다.

그런데 묘하게도 영화를 보는 내내 자꾸 시인 최승자가 떠올랐다. 그리고 내가 기억하는 유일한 그녀의 시구를 중얼거리고 있었다.

> 이상하지,
> 살아 있다는 건,
> 참 아슬아슬하게 아름다운 일이란다.
>
> — 〈20년 후에, 지(芝)에게〉 중에서

영화가 끝나고도 그 구절은 오래 내 안에 남아 있었다. 두 사람이 이야기하는 삶의 깊은 고통과, 그 고통을 놓지 못하는 애달픈 마음이 똑같이 느껴졌기 때문이다. 권여선과 최승자는 같은 세대도 아니고, 사적인 연결 고리도 없다. 그런데 왜 두 여인은 나에게 똑같은 애달픔을 안겨줄까.

나는 통속적이고 속물적이다. 긴 시간 살다 보니 '오복강령', '안일무사', '만사형통', '호의호식' 같은 단어가 반갑다. 소설도 드라마도 판타지와 해피엔딩을 좋아하고, 현실에서는 작은 파장조차 일어나지 않기를 바란다. 나는 안온한 삶을 바라는 평범한 인간일 뿐이다. 남의 고난도 바라보는 것조차 힘들어져서 차라리 외면하는 경우가 많다. 그런데 어째서 이 병든 남녀의 이야기에서 눈을 떼지 못하고, 놓아버렸던 최승자 시인의 시까지 떠올리며 마음을 흔들어 대는지!

최승자의 시는 무섭도록 솔직하다. 삶의 밑바닥을 응시하는 언어는 날카롭고, 깊이를 알 수 없는 어둠 속 우물처럼 섬뜩하다. 그녀의 시를 읽으면 나도 모르게 움츠러들고, 절규 속에 함께 묻히듯 숨이 막힌다. 읽는 내가 감당하기에 벅찼다.

일찍이 나는 아무것도 아니었다.
(중략)

> 쥐구멍에서 잠들고 벼룩의 간을 내먹고
> 아무 데서나 하염없이 죽어가면서
>
> ―〈일찍이 나는〉 중에서

그녀의 시는 나를 벌거벗은 채 세상에 내던져진 듯한 기분을 안겨준다. 자학적 울림이 너무 버거워, 나는 결국 놓아버리고 잊었다. 그것이 영화 속 권여선의 인물들이 보여준 침묵의 무게와 닮아 있었다는 걸 이제야 깨닫는다.

권여선의 인물들을 보며 나는 그들의 아픔이 비명 대신 침묵으로, 눈물 대신 차가운 시선으로 전해지는 걸 느낀다. 그 절실함은 겉으로 터져 나오지 못하고 내면 깊이 스며들었을 때, 폭발적인 언어로 표현된 최승자의 시와 겹쳤다.

세상에는 얼마나 많은 상처가 버려져 있을까. 드러난 것과 흔적도 없이 사라진 것들까지…. 순간, 오싹했다. 〈봄밤〉이 남긴 감정은 단순히 한 개인의 슬픔만은 아니었다. 누구라도 한 번쯤 겪었을 법한, 혹은 앞으로 마주할지도 모르는 보편적인 아픔이라는 생각이 들었다.

어쩌면 삶은 이렇게 벅찬 순간들의 연속일지도 모른다. 차가운 현실을 정면으로 받아들이는 순간, 나는 권여선 작가의 인물들뿐 아니라 시인 최승자의 언어와도 마주했다. 권여선은 소설과 영화 속 인물들의 이야기로, 최승자는 시로 자신의 삶을 드러내며 우리에게 묻고 있었다.

나는 망설인다. 속으로 외친다.

"이 여인들의 메시지가 너무 무겁다! 외면하면 그만이다."

그러나 외면하기엔 이미 내 안의 궁금함이 일렁이고 있었다. 외면하려던 마음을 거꾸로 끌어당기는 힘은 나를 향해 명령한다.

"들여다보라. 불완전한 너를 인정하고, 불완전한 타인과 함께하는 작은 순간을 붙잡으라."

길을 잃은 내 안의 슬픔이 문을 두드린다. 그 슬픔은 이제는 버팀목이 되리라. 오늘, 무심하게 살아온 나를 흔들어 놓은 두 여인을 만났다.

아주 보통의 하루

우리는 흔히 하루하루를 전쟁처럼 살아간다고 말한다. 치열한 경쟁 속에서 버티는 일이 마치 전장에 선 것처럼 느껴지기 때문이다. 하지만 이제 우리의 삶은 단순한 경쟁을 넘어 생존 자체가 위협받는 현실에 놓여 있다. 세상을 멈춰 세운 바이러스, 예측할 수 없는 기후 재난, 갑작스러운 쓰나미와 산불, 숨 막히는 폭염 등 우리는 끊임없이 몰아치는 위기 속에서 살아가고 있다. 그러나 문제는 환경에만 국한되지 않는다. 거리 한복판에서 벌어지는 무차별적인 폭력, 무너지는 건물과 공사장에서의 어이없는 사고, 직장에서는 보이지 않는 벽이 누군가를 가로막고, 학교에서의 외로움과 고통 속에 생을 포기하는 아이들까지…. 얼마 전 무안 국제공항 참사의 충격이 채 가시기도 전에, 2024년은 혼란과 불안 속에서 사라졌다.

나는 올해도 어김없이 《트렌드 코리아 2025》를 구입하며 새해를 맞이했다. 2025년을 이끌 10대 소비 트렌드는 'SNAKE SENSE'라는 부제 아래 공개되었고, '뱀의 해'를 맞아 날카로운 통찰력과 민첩한 대응이 필요한 해가 될 것으로 예측했다. 변화의 흐름을 놓치지 않고 경계를 허물어야만 생존할 수 있는 시대, 지금 대한민국에는 그 어느 때보다도 빠른 적응력이 요구된다고 강조했다.

책은 단순한 소비 트렌드를 넘어, 우리가 살아가는 사회를 성찰할 수 있는 중요한 지침서로 자리 잡고 있다. 저자인 김난도 교수는 10명의 제자로 구성된 연구진과 함께 2008년부터 이 시리즈를 발간해 왔다. 2010년 출간된 《아프니까 청춘이다》가 많은 사람에게 깊은 울림을 주었고, 나 또한 그의 메시지에 깊이 공감했기에 관리자로 일하면서부터 매년 이 책을 구입해 읽어왔다. 특히 젊은 세대의 소비 트렌드를 분석한 내용은 교직 생활에서도 큰 도움이 되었다. 올해 발표된 10개의 키워드 중 내 시선을 사로잡은 것은 '아보하(아주 보통의 하루)'였다.

"오늘 하루, 괜찮았어?"

이 간단한 질문이 오늘날 사람들이 생각하는 행복의 기준이 될 것으로 전망했다. '불확실한 시대 속에서 사람들은 더 이상 지나치게 큰 행복을 바라지도, 불행을 감당하고 싶지도 않다. 그저 오늘 하루를 무사히 보냈음에 감사하고, 내일도 오늘처럼 평온하기를 바라는 마음. 특별한 사건이 없어도, 행복한 일이 찾아오지 않아도, 그저 평범한 일상이 지속되길 바라는 것.' 이것이 '아보하'가 전하는 의미다. 《트렌드 코리아 2025》는 이러한 흐름이 대한민국의 행복에 대한 인식을 변화시키고 있으며, 새로운 패러다임을 형성하고 있다고 분석했다.

이 키워드를 보다 문득 2018년이 떠올랐다. 그해 가장 주목받았던 키워드는 '소확행(소소하지만 확실한 행복)'이었다. '지금 하고 싶은 것을 하면서 살자'는 '욜로(YOLO)' 문화에 이어, 현실에서 실현 가능한 행복을 찾자는 흐름이었다. 당시 우리는 '내일을 위해 오늘을 희생하는 삶'에 익숙했기에, 이 키워드는 신선하면서도 다소 충격적이었다. 특별한 순간이 아니라 일상의 작은 행복이 더욱 소중하다는 인식의 전환, 젊은 세대들은 이를 열렬히 받아들였다.

하지만 그때 나는 남편의 암 치료를 위해 음습한 병동을 서성이며 속으로 되뇌었다. "무슨 개떡 같은 소리야?" '소확행'이라는 말이 너무도 공허하게 들렸다. 현실의 무게가 버거워 숨 쉬는 것조차 힘들었던 그 시절, 작은 행복을 논하는 것 자체가 사치처럼 느껴졌다. 내 인생 최악의 시기였다.

그런데 불과 몇 년 만에 '아보하'라는 키워드가 트렌드 2위로 자리 잡았다는 사실이 놀랍다. '소확행'이 일상 속 작은 행복을 찾아 남들에게 자랑하며 함께 나누는 개념이었다면, 이제는 그저 무탈한 하루면 충분하다는 태도로 변화하고 있다. 처음엔 씁쓸했다. 모든 걸 포기하겠다는 건가? 희망을 버리겠다는 자포자기인가? 싶기도 했지만, 그동안 너무 앞만 보고 달려온 사람들의 외침이라는 것을 나는 곧 이해했다. 앞만 보며 숨 가쁘게 살아온 사람들이 이제는 일상을 되찾고 싶어 하는 것이다. 이는 단순한 포기가 아니라, 지금까지 쉼 없이 달려온 자신을 긍정하고, 있는 그대로의 삶을 받아들이는 과정이구나 싶었다.

퇴직 후, 나는 조용히 흘러가는 대로 살아가고 있다. 아무 일도 없는 일상이 반갑고, 가슴 뛰는 일도 특별한 욕구도 일지 않는 이 가라앉은 나날이 좋다. 무탈하게 하루를 보내며 감사함을 느끼고, 흘러가는 시간 속에서 평온을 음미한다. 일각에서는 '아보하'가 야망과 열정을 잃게 만드는 키워드가 아닐지 우려하기도 한다. 하지만 우리는 지금까지 충분히, 치열하게 살아왔다. 사람도, 사회도, 심지어 지구조차도 쉼이 필요한 시대다. 더 이상 큰 목표를 위해 자신을 몰아붙이기보다, 경쟁과 비교에서 한 발짝 물러나 평범한 하루의 가치를 깨닫는 시대. 나를 있는 그대로 존중하고자 하는 사회의 변화가 반갑고도 기대된다.

  2025년에는 더 많은 사람이 '아주 보통의 하루'를 소중히 여기며 살아가길! 그리고 온 지구가 '아보하'의 하루를 따뜻하게 맞이할 수 있기를!

4부

까맣게 잊고 살았던 그 가방을 보고 있으려니 참으로 황망했다. 남편과 장난처럼 하던 젊은 날의 복권 놀이는 단순히 행운만 바라는 의식은 아니었다. 그것은 우리 부부의 앞날에 대한 밑그림이었고 함께 헤쳐 나갈 인생 설계도였다.

- 복권 놀이
- 제주도
- 아침
- 어서 벗어요!
- 코발트 코르덴 스커트
- 원적산공원의 환경예술가
- '괜찮으세요?' 그 말이 괜찮지 않았다
- 추억의 정기구독
- 원적산공원의 합주곡
- 시루 안의 사랑
- 용인, 두 개의 풍경
- 젓가락 하나
- 황태의 시간
- Viva la Vida

복권 놀이

"나 이겨낼 수 있어!"

다짐하며 박꽃 같은 미소를 보여주던 남편은 소세포 암으로 1년을 넘기지 못하고 홀연히 떠났다. 여릿한 눈송이들이 하얀 나비처럼 하느작하느작 내리던 1월이었다. 나는 멈춰버린 시간 속에서 몇 개월을 월동하는 애벌레처럼 집 안에만 갇혀 지냈다. 죽은 시간 속에서도 틈틈이 솟구치는 발작 같은 비통함, 알 수 없는 억울함과 분노들, 그리고 또다시 무력감에 빠지는 나날이었다.

남편이 떠난 후 딸과 아들은 서둘러 아버지의 물건들을 정리하기 시작했다. 일상에서 함께했던 익숙한 것들이 '아름다운 가게'로 보내지거나 쓰레기봉투 속으로 사라졌다. 그런데도 여기저기에서 나타나는 남편의 잡동사니 물건들은 형벌처럼 나를 힘들게 했다. 남편을 잃은 슬픔은 불확실한 미래에 대한 두려움을 동반했고, 오랫동안 살림에서 손을 뗀 집안은 을씨년스럽고 무서워졌다. 가까운 지인들은 환경을 바꿔야 한다고 성화였다.

　리모델링하기 위해 나는 남편의 서재를 정리하다 책장과 벽 사이에 낡은 가방이 끼워져 있는 걸 발견했다. 그 가방은 남편의 대학 졸업 때 내가 선물했던 가방이었다. 졸업과 동시에 병원 인턴으로 근무했던 남편은 매일매일 속내의 차려 입듯 손에 매달고 다녔다.

　그즈음 어느 날 출근길에 남편은 교통사고를 당했다. 졸음운전을 하던 대형 트럭 운전사가 남편 차를 들이박는 아찔한 사고였다. 인명 피해는 없었지만, 차는 폐차 직전의 상태로 찌그러졌다. 내가 선물했던 가방도 그때 버려졌다고 생각했고, 간담을 서늘하게 했던 사고라 애써 생각하지 않고 잊고 살았다.

　그랬는데…. 형체만 남은 가방 속에는 결혼 초 2년여 동안 주말 놀이로 함께 즐겼던 복권들과 내가 대학노트에 휘갈겨 적었던 엇비슷한 목록들이 두 묶음으로 나뉘어 있었다. 복권은 80년대 주택은행에서 발권한 주택복권이었다. 빛바랜 컬러 복권은 누렇게 변색되고 노트에 휘갈겨 쓴 글씨들은 흐려져 수묵화처럼 번져 있었다. 그것들을 보는 순간 심장이 멈추고 눈자위엔 뜨끈한 눈물이 고였다.

남편이 의대 본과 3학년 진급을 앞둔 1월 14일, 우리는 결혼했다. 양가 부모 형제들은 우리들의 결혼이 시기상조라며 한사코 반대했었다. 결혼식을 올리기까지 수많은 걱정의 말들과 내내 미덥지 않은 시선을 견뎌내야 했다. 그런데 하필이면 결혼하는 날 날씨조차 우릴 도와주지 않았다. 제주도행 비행기가 뜨지 못할 만큼 솜 눈이 쏟아져 세상을 하얗게 덮었다. 하객들은 발이 푹푹 빠지는 눈 속을 어렵게 찾아왔다. 특히나 엄마 언니들은 잔뜩 차려입은 한복 치마를 들쳐 올려 흡사 주막의 주모처럼 보였다. 미장원에서 힘을 준 머리에서는 깃털 같은 눈이 축축하게 녹고 있었다.

  2~3년 결혼을 늦추라는 양가 부모님의 말씀을 거역한 대가로 우리는 경제적 독립을 선언했다. 남편은 쓰고 있던 책상을 가져왔고, 나는 120L 금성 냉장고와 티브이를 들고 와서 산동네 월세방에서 단출한 신혼 생활을 시작했다.

  산비탈 꼭대기에 있는 신혼집은 반쯤 흙 속에 묻혀 있는 나무 계단을 따라 100m 정도 올라가면 나오는 빨간 기와지붕의 집이었다. 방 세 칸에 부엌 하나, 녹색 철 대문 옆에 슬레이트 지붕의 화장실이 있었다. 우리의 보금자리는 부엌도 없는 작은 문간방이었다. 욕실은 고사하고 빨래할 때나 머리를 감을 때도, 늘 마당 한쪽 수돗가에서 해결해야 했다. 연속되는 엄동설한의 겨울은 나의 인내심을 시험하는 듯했다.

이런 형편에 남편은 주말마다 복권을 샀다. 그리고 매 주말 저녁 식사를 마치면 우리 부부는 의식이라도 치르듯, 남편의 노트에서 뜯은 종이 한 장을 앞에 두고 앉았다.

"자, 이제부터 갖고 싶은 것 하나씩 적는 거야."

나는 맨 먼저 '한일 짤순이'를 적었다. 당시 산꼭대기에서 매섭게 부는 바람은 빨래를 고드름으로 만들어버렸다. 힐끔 한 줄 적은 '짤순이'라는 품목에 남편은 화들짝 놀랐다.

"웬 짤순이? 대형 세탁기를 써야지. 다시 고쳐 적어!"

그 당시 학생이던 남편은 산꼭대기 동네의 겨울 빨래가 얼마나 질기고 매서운지 가늠하지 못했다. 나는 주말마다 복권으로 소모되는 돈이 아까웠지만, 사뭇 진지한 남편이 귀엽기도 했다.

"괜찮아, 내가 있잖아. 걱정하지 마!"

남편은 늘 이 말도 입에 달고 살았다. 불편하고 곤란한 상황에서 더 호들갑을 떠는 남편이 안쓰러우면서도 든든했다. 부드러운 손과 하얀 얼굴이 형광등 불빛 아래에서 웃고 있었다.

"아직도 다 못 적었어? 빠짐없이 적어. 원하는 건 뭐든 다 해 줄 거야!"

그래서 '따스한 물이 나오는 내 집'이라고 적었다. 나는 우리 둘만의 공간을 원했다. 그리고 뮌헨으로 여행을 가고 싶었다. 전혜린처럼 뮌헨에 가서 안개에 젖어 있는 가스등 거리를 거닐고 싶었고, 소시지를 곁들인 독일 맥주를 마셔보고 싶었다. 그렇게 산꼭대기 신혼방에서 주말 복권 놀이를 하며 남편이 졸업할 때까지 2년 동안 살았다.

 까맣게 잊고 살았던 그 가방을 보고 있으려니 참으로 황망했다. 남편과 장난처럼 하던 젊은 날의 복권 놀이는 단순히 행운만 바라는 의식은 아니었다. 그것은 우리 부부의 앞날에 대한 밑그림이었고 함께 헤쳐 나갈 인생 설계도였다.
 지금까지 살아오면서 시시때때로 겪었던 여러 가지 일들을 풀어내는 삶의 요령과 지혜를 산동네에서 익혔다. 돈의 가치를 깨달았고 땀의 대가가 주는 뿌듯함도 느꼈다. 따스한 물 한 바가지에 감사했고 절제할 수 있는 인내심도 길렀다. 결혼의 시작은 나의 가치관과 삶의 의미를 놀랍게 바꿔준 소중한 경험이었다.
 수묵화처럼 번져 있는 소원 목록을 하나하나 읽어갔다. 돌이켜보니 남편과 함께한 세월 속에서 복권 놀이의 희망들이 대부분 이루어졌다. 안락한 가정을 이루었고 소원 목록에 적었던 독일 여행도 다녀왔다. 휴지가 되어버린 복권들과 '소원 목록'들을 남편이 왜 그렇게 오랫동안 보관했는지 이유는 알 수 없다. 그러나 분명한 건, 복권 뭉치와 희망 목록은 남편과 함께 땀을 흘리고 넘어져도 굳세게 일어설 수 있었던 삶의 원동력이었다.

아직도 선명하다. 매주 토요일이면 복권을 사고, 학교 앞 저렴한 넝쿨 빵집의 크림빵 봉투를 의기양양하게 내밀던 청년. 48개의 계단을 10초에 끊었다며 산동네의 차가운 바람 냄새를 안고 헐떡거리며 달려오던 남자.

남편의 가방 앞에서, 소원 목록을 쓰던 신혼 초의 생기를 한 움큼 들이마신다. 이제 복권 놀이는 없다. 남편의 낡은 가방을 손바닥으로 닦는다. 삶은 계속된다.

제주도

 남편이 세상을 떠나고 1년이 지난 어버이날이었다. 아들은 남편을 대신하듯 나를 종합건강검진센터로 밀어 넣었다. 열흘쯤 지나 검진 결과표를 받았다. 각종 검사 결과가 한 권의 책처럼 묶인 노트에 요목조목 적혀 있었다. 그중 초록빛 형광펜으로 그어진 문장에 눈이 멈췄다.
 좌측 폐 하부 달걀 모양의 영상체 발견. 빠른 시일 내 정밀 검사 요망.
 '나도 암이구나. 남편을 따라 나도 암으로 죽겠구나.' 머릿속이 희뿌연 안개에 덮인 듯 몽롱했다. 잔인했지만 담담했다. 남편의 암 투병 과정을 지켜본 터라, 새삼스럽지는 않았다.
 "이제 내 차례?"
 인생이 참 우스꽝스럽게 느껴졌다. 죽음의 바통을 남편과 주고받는 기분이었다. 이런 현실이 절망적이었고, 매일 끈끈한 자기혐오에 시달렸다. 아무것도 하고 싶지 않았고, 아무것도 원하지 않았다. 건강검진 결과 때문에 아들만 분주했다. 여기저기 대학병원의 전문의를 찾았고, 예약은 한 달을 넘겨서야 겨우 잡혔다.

항암치료의 부작용이 얼마나 가혹한 형벌인지 나는 잘 알고 있다. 마약성 진통제에 취해 작별 인사도 못하고 고통 속에 떠난 남편의 모습이 떠올랐다. 나도 암이라면 어떠한 항암치료도 받지 않겠다고 결심한 지 오래였다.

삶을 정리할 혼자만의 시간이 필요했다. 사색이 된 아이들의 얼굴을 마주하며 검사일까지 함께 지낼 자신이 없었다. 그래서 나는 '제주도 한 달 살기'를 선언했다. 제주도는 우리 가족의 여행지였다. 남편의 여름휴가 때마다 찾던 곳. 저렴한 비즈니스호텔부터 검색했다. 서귀포에 적당한 곳이 있었다. 아직 혼자 여행한 적 없는 나를 위해 아이들이 동행했다. 6월 마지막 주 금요일 17시 40분, 우리는 제주공항에 도착했다. 서귀포의 한 비즈니스호텔 6층 객실에 짐을 풀었다. 갑갑하지도 넉넉하지도 않은, 딱 적당한 크기의 공간이었다.

다음 날, 아이들과 함께 올레길 6코스를 걸었다. 제주 여행자센터에서 쇠소깍까지 이어지는 10.7km. 햇살은 따갑고, 바람은 선선했다. 바닷가로 접어들자, 바다 냄새가 반가웠다. 그러나 머릿속은 여전히 텅 비어 있었다. '소라의 성'을 둘러보고 '허니문 하우스 카페'에서 아이스 초코로 공허한 마음을 달랬다. 그리고 '올레 시장'을 끝으로 제주에서의 첫날은 그렇게 조용히 저물었다.

일요일 아침 9시, 아이들은 공항으로 떠났다. 나는 혼자 남았다. 아이들이 탄 버스를 배웅한 뒤, 정류장 의자에 마냥 앉아 있었다. 무엇을 해야 할지, 어디로 가야 할지 감이 잡히지 않았다. 딸이 짜준 여행 일정표를 한참 들여다보다가 가까운 '이중섭 거리'로 향했다. 아이들의 어두운 표정을 보지 않아도 된다는 안도감은 오래가지 않았다. 혼자라는 현실이 버거웠다. 도피처럼 떠나온 여행이 흔들리기 시작했다.

무서운 생각에서 벗어나기 위해 다음 날 아침 올레길 7코스를 서둘러 출발했다. 다행히 도로 곳곳에 붙은 안내표는 쉽고 상세했다. 시내 공원 산책로를 시작으로 바다, 숲, 흙길, 돌길, 마을을 차례로 지났다. 초여름 한낮의 햇살은 강했고, 파도 위로 퍼지는 윤슬이 눈부셨다. 하늘은 감히 '파랗다'라는 말로는 표현이 안 될 정도로 비현실적인 풍경을 보여주었다. 그러나 내 머릿속은 여전히 복잡했다. 수많은 생각이 얽히고설켜 윙윙거리는 통증이 되었다.

사방을 둘러봐도 사람은 보이지 않았다. 바다가 멀어지고, 젖은 풀 냄새가 풍기는 산길로 접어들었다. 억센 풀숲을 지나고, 산비탈 자갈길을 건너며, 미끄러운 바위는 무릎으로 기어 넘었다. 멀리 들려오는 서귀포 바다의 파도 소리가 내게 응원을 보내는 듯했다. 하지만 제대로 걸어본 적 없는 내 발은 버텨내지 못했다. 발가락이 까지고 물집이 생기고 터지기를 반복했다. 발목과 허리까지 아프지 않은 곳이 없었다. 러닝화조차 준비하지 못한 무계획의 결과였다.

머릿속에서 비명이 울렸다. '지금 대체 무슨 짓을 하는 거야?' 낯선 길, 사람 하나 없는 풍경이 무섭게 다가왔다. 차라리 귀에 들리는 소리에 집중해 보았다. 바위에 매달린 채 낑낑대며 내딛는 걸음 소리, 습한 바람을 가르며 나뭇잎과 가지가 스치는 소리, 그리고 쉼 없이 들려오는 파도 소리. 하지만 소리는 소리대로, 통증은 통증대로 사라지지 않았다. 겨우 산길을 돌아서자, 마늘밭 특유의 향기와 형형색색 꽃이 만발한 마을이 나타났다. 마을 입구 벤치에 앉아 숨을 고르는데, 길 가던 할아버지가 힐끔 쳐다보다 말없이 지나갔다.

마을 앞에는 시원하게 뻗은 해안도로가 있었다. 7코스의 마지막 구간이었다. 정수리에 내리쬐는 한낮의 햇살을 손으로 가리며, 차 한 대 없는 텅 빈 도로를 걸었다. 아스팔트 지면은 열기로 끈적했고, 발걸음은 무거웠다. 드디어 월평 아왜낭목 쉼터에 도착했다. 6시간 40분 동안 17.6km를 걸었다. 지금껏 눈 운동 외엔 운동이란 걸 해본 적 없는 몸은 여기저기서 곡소리를 냈다. 스스로를 몰아세운 이유조차 잊은 채, 머릿속은 오직 '아프다'는 생각뿐이었다. 호텔로 어떻게 돌아왔는지조차 기억나지 않았다. 씻지도 않고, 저녁도 잊은 채 곯아떨어졌다.

다음 날에도 절뚝거리며 가족과 함께했던 장소들을 찾아다녔다. 방림원, 정방폭포, 삼성혈, 제주도립미술관…. 마지막으로 들른 김영갑 스튜디오에서 나와 버스 정류장으로 향하던 길이었다. 오른쪽 신발 앞부분이 벌겋게 물들어 있었다. 길바닥에 앉아 신발과 양말을 벗으니, 깨진 엄지발톱에서 피가 흘러나왔다. 자갈밭에서 먼지를 잔뜩 뒤집어쓴 강아지풀이 삐죽 고개를 내밀고 나를 바라보고 있었다. 순간 눈물이 흘렀다. 발가락 끝에 돌멩이를 단 듯 내딛는 것조차 힘들어 도로 가장자리에 털썩 주저앉았다.

제주도에서 돌아와 예정대로 2박 3일간 입원해 조직 검사와 정밀 검사를 받았다. 천만다행으로 그 덩어리는 양성 '과오종'이었다. 삶의 끝을 정리하려던 제주도 여행은, 어리석은 해프닝이었다. 발가락 끝에서 흘러내리던 피, 끈끈하게 발목을 잡던 자갈길. 그 모든 고통스러운 발걸음 끝에, 나는 비로소 숨 쉬는 삶이 얼마나 경이로운지 온몸으로 느꼈다. 그 경험은 나를 더욱 단단하고 겸손하게 만들었다. 그렇게 '한 달 살기'는 8박 9일로 마침표를 찍었다.

아침

"여자, 여자, 여자인 내가 기다려야지~ ♪ ♫ ♫."

쿵쾅거리는 반주, 여자 가수의 신나는 노래가 흐른다. 강사의 구령과 율동에 맞춰 춤을 추는 아줌마들의 열기가 원적산공원의 새벽을 달구고 있다. 오전 6시 18분, 공원 축구장 트랙에서 벌어지는 에어로빅 아줌마 군단의 운동은 이미 시작되었다. 아줌마 20여 명의 화끈하고 깜찍스러운 동작만으로 온몸에 땀이 젖는다. 가끔 터져 나오는 강사의 추임새는 홍대 클럽 DJ 못지않다. 노년기에 접어든 어르신들의 동작이라기엔 너무나 활기차고 섹시하다.

내가 사는 부평에는 원적산공원이 있다. 야트막하니 푸근한 밥집 아줌마 같은 원적산이 늦게 얻은 자식을 품듯 의기양양 공원을 지킨다. 2월 말, 맵싸하고 톡 쏘는 겨울 기운이 스쳐 지나면, 삭풍에 단단히 닫혀 있던 목련나무 귓불에 어느새 따스한 입김이 스며든다. 간질간질, 회백색의 부드러운 융털 속에 갇혀 있던 꽃망울이 목련나무에서 기지개를 켠다. 살포시 고개를 내민 꽃망울들은 잎사귀 하나 없는 메마른 가지에 폭신하고 넉넉한 나무 연꽃으로 피어난다. 그렇게 시작된 봄은 목련에서 벚꽃, 영산홍, 금계국, 조팝나무, 명자나무, 튤립, 단풍나무, 은행나무 숲까지-계절마다 다른 색과 향으로 공원의 풍경은 한 장 한 장 넘기는 팝업북처럼 생생하게 펼쳐진다.

계절은 그렇게 흘러, 오늘도 원적산공원에서 하루를 시작한다. 낯익은 분들이 하나둘씩 모여 축구장 트랙을 돈다. 땅바닥이 돌고, 원적산이 돌고. 부스스 깨어난 해님이 돌고, 설산 모양의 구름도 돈다. 터질 듯 팽팽해진 나뭇잎들이 살랑살랑 바람과 손을 잡고 돈다. 할머니, 할아버지, 아저씨, 아줌마-사람들이 돈다. 아침을 함께 여는 이웃들이다. 나도 슬며시 한 자리를 차지하고, 하나가 되어 돈다.

어느새 하얀 나비 한 마리가 앞장을 선다. 상쇠가 되어 우리를 이끈다. 할아버지의 징, 꽹과리가 따르고, 할머니들의 장구가 뒤를 잇고, 아저씨 목 등을 탄 무동이 너울너울 춤을 추며 돈다.

하루의 무사함을 빌고, 건강함에 감사한다. 돌아가는 풍경이 내 마음의 거울처럼 펼쳐진다. 늦은 나이에 겪는 혼란처럼 마음엔 갈래 많은 생각이 뒤엉켜 있다.

마음속 먼지에 숨이 막힌다. 마음의 청소를 시작한다. 한 바퀴, 한 바퀴, 쓸어내고 닦아내고 털어낸다. 108번이 아닌 18번이면 충분하다.

솟아오르는 분홍빛 해가 산등성이에 걸쳐 있다. 포동포동 살이 오른 6월의 원적산이 백일 맞은 아기처럼 방긋 웃는다.

팔팔 뛰는 숭어 떼 같은 남자 고등학생들이 축구장에 들어선다. 노란 조끼, 파란 조끼를 입은 두 팀이다. 쩌렁쩌렁한 인사 소리와 함께 축구 경기를 준비한다. 쿵쾅거리던 음악 속, 건강미 넘치던 에어로빅 아줌마 군단은 운동장을 아마추어 축구팀에게 내어주고 떠났다.

짙푸른 나무들도 초록이 더해져 새로운 초록들의 향연을 벌인다. 젊은이들의 함성은 초록빛 세상의 애드벌룬이 되어 하늘에 두둥실 떠오른다. 밤새 만들어진 신선한 공기가 사람들 마음에 가득 담긴다. 오랜만의 단비로, 인천이, 원적산공원이 콜라겐을 흡수한 듯 탱탱한 탄력으로 젊어졌다.

모두가 싱싱하다.

어서 벗어요!

"그런 차림으로 외출하시겠다구요?"
"응."
"패딩 벗어야 할 상황이 오면 어쩌시려구요!"
거울 앞에 선 나는 잠시 멈칫했다. 일상복이 되어버린 잠옷 위에 흐물거리는 카디건을 걸쳤고, 늘어난 레깅스는 발목 아래로 삐죽 나와 있었다. 그 위에 검은 롱패딩을 걸치려다 말고 한쪽 어깨를 갸웃했다. 낯선 여인이 퉁한 표정으로 나를 바라보고 있었다.

직장을 그만두며 나는 '보여주기 위한 삶'도 함께 정리하기로 했다. 오랜 시간 견뎌왔던 겉치레들을 하나하나 벗겨냈다. 란제리와 하이힐, 매일 아침 고문처럼 휘두르던 드라이기, 니트원피스, 타이트한 스커트, 실크 블라우스, 캐시미어

외투, 밍크코트까지. 불편하고 관리가 까다로운 옷들은 더 이상 필요 없다. 대신 운동화, 청바지, 면티, 사파리 재킷과 패딩을 들였다. 헐렁한 옷에 운동화를 신고, 나는 자유로웠다. 나를 위해, 나답게 살겠노라 결심했다.

  그 자유는 오래가지 않았다. 집에서 보내는 시간이 길어질수록, 점점 모든 것이 귀찮아졌다. 나갈 일 없으니, 운동화는 신발장에서 나오질 못했고 반복되는 혼자만의 시간 속에서 어느덧 잠옷은 일상복이 되었다. 결국, 편안함은 게으름으로 이어졌고 "자유롭게 살자!"던 다짐은 어느새 '그냥… 살자.'는 체념으로 바뀌었다. 무너진 건 자유가 아니라, 나 자신이었다.

  '삼복지간에는 입술에 붙은 밥알도 무겁다.'라는 말이 절절하게 와닿던 8월 초, 강원도 탐방 교감하계연수팀은 인제 자작나무 숲길을 산행하고 있었다. 머리 가죽이 벗겨질 것 같은 햇볕 아래, 나는 헉헉대며 동료들 뒤를 따랐다. 빠른 걸음으로 내리막길을 걷다가 쿵! 발목이 접질리며 풀썩 주저앉았다.

  "괜찮아요?"

  앞서가던 체육과 출신 동료가 응급 처치를 해주겠다며 뛰어왔다. 운동화와 양말을 벗기는 순간, 햇빛을 받은 팬티스타킹이 뱀 껍질처럼 반들거렸다. 마치, 나 대신 '안녕~?' 인사라도 건네는 듯했다.

"앵? 한여름에 스타킹?"

"운동화 속에… 스타킹?"

"등산바지 안에 또 스타킹??"

주변 동료들이 슬금슬금 모여들었다.

잡아다 놓은 노루 새끼를 살피듯 땅바닥에 널브러진 나를 내려다보며 웅성댔다.

"빨리 벗어요!"

"벗겨줘요?"

"못 벗어요!"

"왜요?"

"팬티스타킹이라서요…."

그 순간, 자작나무 숲에 울려 퍼진 동료들의 웃음소리는 내 귀엔 천둥처럼 울렸다. 얼굴이 화끈 달아오르고, 숨이 멎을 듯한 창피함이 밀려왔다. 그때의 난감했던 기억은 여행 가방을 쌀 때마다 나를 망설이게 했다. 하지만 결국, 퇴직할 때까지 팬티스타킹과 굳건히 동고동락했다. 나의 자존심이었다.

나의 직장 생활은 전장으로 나가는 장병처럼 철저한 준비의 연속이었다. 색깔을 맞춘 속옷은 기본, 사계절 내내 팬티

스타킹을 신었고, 레이스가 달린 거들로 마무리했다. 출근 전 이 모든 과정을 거치는 일은 하나의 의식 같았다. 찌는 듯한 여름에도 샌들 속 스타킹을 포기하지 않았다. 하반신을 조이듯 감기는 느낌은 긴장감을 주었고, 나의 커리어 우먼 이미지를 지켜주는 장치였다.

정갈하게 다듬은 단발머리, 각 잡힌 옷차림, 하이힐의 꼿꼿한 걸음걸이, 나는 늘 완벽한 외적 이미지를 유지하는 데 온 신경을 쏟았다. 오로지 '보여지는 나'에 집중하며 살아갔다. 그러기 위해 새벽 인간이 되어야 했고, 그런 긴장 속에서 버틴 직장 생활이었다. 반면 가족들과 함께 지내는 휴일에는 축 늘어져 잠옷 차림으로 일관하는 이중생활을 했다.

인생에서 가장 어려운 것은 몸에 밴 습관을 바꾸는 일이라는데…. 남들이 걱정했던 것과는 달리, 그토록 공들였던 나의 이미지 관리는 너무도 허망하게 무너져버렸다. 그러다 문득 이런 생각이 들었다.

'집에서도 단정하게 옷을 차려입는 사람들은 어떤 마음일까?'

이는 단순히 옷차림의 문제가 아니라, 자신의 시간과 공간을 대하는 태도와도 관련이 있다. 편안함을 유지하면서도 단정하게 입는 것은 '나는 지금, 이 순간을 소중하게 보내고 있다.'라는 작은 선언일지도 모른다.

옷차림은 하루의 분위기를 결정짓는 작은 습관이다. 꼭 격식을 갖출 필요는 없다. 몸과 마음을 정돈하고 능동적인 하루를 시작할 수 있는 편안하면서도 단정한 옷, 나를 위한 옷, 나에게만 보여주고 싶은 옷을 고르는 작은 변화가 나의 하루를 뿌듯하게 만들 것이다. 후줄근한 잠옷을 벗고, 늘어난 레깅스를 치운다. 깨끗하게 세탁된, 향기 나는 청바지를 고르고 스포티한 하얀 점퍼를 찾는다. 허전한 목을 위해 대담한 바둑무늬 스카프를 두른다.

"엄마, 예뻐요!"

엄지척을 보내며 웃는다.

코발트 코르덴 스커트

그날은 유난히 날씨가 아름다웠다. 하늘은 생크림이 둥둥 떠다니고 눈이 시리도록 아름다운 코발트빛이었다. 친구와 약속한 장소로 가던 중이었다. 우연히 내 눈에 들어온 옷 가게가 있었다. 방금 보았던 하늘의 코발트 빛깔이 가게에서 영롱한 아우라를 뿜어내듯 빛나고 있었다. 약속도 잊은 채 황홀한 빛깔에 취해 가게 안으로 들어갔다. 처음엔 어떤 옷인지조차 구별 못했다. 자세히 보니 오드리 헵번 형 코르덴 스커트였다. 비싸지 않은 가격에 망설임 없이 사 들고 나왔다. 혼자서만 예쁜 옷 사느라 늦었다고 버럭버럭 욕을 해대던 친구의 목소리와 모습이 어제인 듯 생생하다. 지금까지도 그날의 설렘과 흥분을 기억한다.

그 스커트를 입은 첫날도 잊을 수 없다. 기장이 짧은 연하늘색의 앙고라 티에 포도주 빛깔의 앙증맞은 미니 백을 메고, 한껏 멋을 냈다. 만족스러웠다. 출근길, 거울 대신 유리창에 비친 내 모습을 보며 〈로마의 휴일〉 속 오드리 헵번 흉내를 내보았다. 자신감으로 충만했고 동료들, 학생들은 환호로 찬사를 보냈다.

그 뒤로 매년 한두 번은 꺼내 입곤 했다. 벌써 세월의 흔적이 오롯이 담긴 스커트가 되었다. 좀 더 자세히 말하면 40대 이후부터는 몸이 지치고 마음이 울적하거나 우울할 때 조심스럽게 꺼내 입는다. 영원히 지칠 것 같지 않던 젊은 시절을 돌아보며 기분 전환을 하는, 위로의 스커트가 되었다. 마침 유행이 돌아와 젊은 시절을 풍미했던 그 옷을 늘그막에 다시 입게 되었다. 뜻밖에도 유행의 첨단에 서게 된 셈이다.

얼마 전 내 조카를 만났다. "이모는 언제나 변함없는 패셔니스트야."라며 호들갑을 떨었다. 그날도 그때의 코발트 코르덴 스커트에 연 하늘색 카디건을 걸치고 있었다. 조카는 나에게 어쩜 예전이나 지금이나 여전한 아름다움을 유지할 수 있냐며 거침없는 찬사를 보냈다. 하지만 그 말은 흘러간 많은 세월의 아련함과 늙어가는 이모에 대한 연민의 위로와 응원이었다.

설령 그렇다고 해도 난 기분이 좋았다. 낡은 구닥다리 옷이 내게 어울리지 않고 촌스럽게 보이면 어쩌나 내심 기가 죽어 있었는데 유행의 첨단에 선 패셔니스트라고 추켜 세워

주는 조카의 마음이 갸륵하고 순간 으쓱해졌다. 젊은 날, 동료 교사와 학생들 앞에서 우쭐거리던 추억이 되살아났다. 이 나이까지 젊은 시절의 스커트를 입을 수 있다는 자체만으로도 건강한 신체와 체질을 물려주신 부모님이 새삼 고마웠다.

가끔 젊음의 한 시절이 아깝게 녹아버린 아이스크림처럼 허탈하면서도 두근거리게 한다. 마치 스무 살 여자애의 가슴 뛰는 첫 설렘처럼 내 심장에서도 작은북 소리를 낸다. 그래서 젊음의 회상이 좋다. 추억이란 참 묘하다. 젊은 시절엔 힘들고 부족해 매번 투덜거리며 버텼던 순간들이, 시간이 흐른 뒤 돌아보면 '좋았던 시절'로 남는다. 흘러간 세월 정지된 시간 속의 그리움이다.

나에게 젊은 시절을 추억하는 또 다른 옷은 없다. 이제 그 시절의 상징처럼 남아 자랑스러운 유물이 되었다. 이런 소중한 그리움을 코발트 스커트를 통해 자주 느낄 수 있다는 것은 분명 덤으로 얻은 행복이다. 세월의 흐름을 고스란히 받아들이는 나이가 되었지만, 서운하지도 서글프지도 않다. 가끔 민망한 극찬이나 격려를 들으면 어색하다. 하지만 내 가장 빛나던 시기의 연장선에서 느낄 수 있는 행복이라 여긴다.

젊은이들의 개성 넘치는 경쾌함과 상큼하고 발랄한 모습들을 보면서 생각한다. 분명한 건, 예전이나 지금이나 '젊음은 늘 반짝이고 아름답다'는 것. 코발트빛 코르덴 스커트를 즐겨 입었던 그때의 자신감과 열정을, 가만히 들여다본다. 참, 기분 좋은 추억이고 그리움이다.

"그래, 그때도 멋졌고, 지금도 괜찮아, 앞으로도 자연스럽게 나이 들자!"

원적산공원의 환경예술가

　소낙비에 말끔해진 원적산공원의 나무들이 윤슬을 머금은 듯 눈이 부시다. '쏴~와' 소리를 내며 바람에 따라 쏠리듯 흔들거리는 나뭇잎들은 녹색빛 바다의 잔잔한 파도 같다. 원적산 여름이 짙어간다. 아침 원적산 공원은 맑은 공기로 가득하고 밤새 메말랐던 어르신들의 콧구멍을 시원하게 터준다. 노인들은 느릿느릿 걸음에 따라 마른기침을 뱉으며 깨끗한 공기로 목도 헹군다. 느린 나라에 온 듯 공원의 구름도 유유히 흘러간다.

　7시 30분, 원적산공원에 도착한 나는 언제나처럼 화장실로 향한다. 밤사이 화장실은 또 엉망이 되어 있었다. 자주 접하게 되는 광경인데도 매번 놀라는 나 자신이 우습기도 하다. 공원 화장실 바닥 곳곳에는 뭉개진 휴지 더미가 널브러져 있다. 몇몇 변기는 화장지로 가득 차서 사용이 불가능했고, 세면대 아래에는 흘러내린 음식 국물과 찌꺼기가 엉겨 있어 발을 헛디딜까, 조심스러웠다. 구석구석에는 음식 포장지, 맥주 캔, 음료수병이 아무렇게나 나뒹굴었다.

볼일을 본 나는 깨끼발을 하며 뛰쳐나왔다. 축구장 트랙을 돌면서도 머릿속엔 그 광경이 잔상처럼 남았다. 우리는 화장실을 '불결한 곳'으로 여기는 편견을 갖고 있다. 옛날 '뒷간'에 대한 부정적인 인식은 공중화장실에서 여실히 드러난다. 무슨 불만이, 어떤 분노가 쌓여 있기에 이렇게까지 난장판일까. 술의 취기와 어둠이 이성을 마비시키고, 마침내 인격마저 흘려버린 채 떠난 걸까.

그러나 오전 8시 30분이 지나면 마법 같은 변화가 시작된다. 조금 전 화장실 광경은 헛것을 본 게 아닐까 싶을 정도다. 출근을 위해 급히 원적산에서 내려오는 아저씨들의 빠른 발걸음 소리가 공원을 울릴 때쯤이면 화장실 문이 활짝 열리고 수돗물 소리와 함께한 여인이 등장한다.

오른손에는 언제나 집게가, 왼손에는 양동이가 들려 있다. 공원의 물까치처럼 민첩하고 돋보이는 패셔니스트이기도 하다. 노란 긴 머리는 발레리나 머리로 단정하게 틀어 올리고, 긴 앞치마로 온몸을 둘러 싸맨 셰프 같은 차림은 적당히 글래머러스해서 건강미가 있다. 패션의 완성은 신발이라 보여주려는 듯 무릎까지 올라온 젖은 장화는 원더우먼 부츠 같다. 구색을 맞춘 완벽한 청소 패션.

　그녀는 주저 없이 거울, 세면대, 바닥, 변기는 물론 문틈까지 닦아내기 시작한다. 걸레와 솔이 한 몸이 되어 쉼 없이 움직이는 프로다운 모습은 화가의 붓질만큼이나 엄숙하고 진지하다. 이윽고 주차장을 지나 공원 주변까지 청소가 이어진다. 아침 햇빛에 반짝반짝 빛나는 비닐장화의 발걸음은 군인들의 제식훈련을 떠올리게 하기도 하고, 리듬 있는 움직임은 칼춤을 추는 무희 같기도 하다. 몸에서 뿜어 나오는 땀이 수증기처럼 하늘로 피어오르면, 원적산 공원의 진정한 하루가 활짝 열린다.

　무엇인가에 열중하는 사람은 아름답다. 과학자든 청소부든, 배우든 식당 주인이든, 자신의 역할에 몰두하는 이에게서는 깊은 감동이 묻어난다. 청소 여사님은 쉰을 넘긴 나이에도 씩씩하고 생기 넘친다. 외국 생활을 마치고 귀국 후 처음 갖게 된 직업임에도, 그녀는 '늘 감사하다'라는 말과 함께 웃는 모습이 활짝 핀 능소화 같다.

　세상에 쉬운 일은 없다. 직업에 귀천도 없다. 하지만 여전히 곳곳에는 보이지 않는 차별이 존재하고, 보수에는 높낮이가 있다. 그러나 여사님의 손길에서 퍼지는 푸르스름한 소독약 냄새는 단순한 청소의 흔적이 아니다. 그것은 일에 대한 소신과 자긍심이 깃든 그녀의 숨결이었다. 진정한 '프로'는 명예나 직위와 무관하게 존재한다는 사실을 나는 그날, 비로소 깨달았다.

　짙푸른 원적산을 배경으로, 옥시크린 물감과 하나의 빗자루로 완성하는 화장실 청소는 그녀의 작품이다. 여사님은 환경예술가다.

'괜찮으세요?' 그 말이 괜찮지 않았다

　토요일 오후, 설을 맞아 남편의 산소를 다녀오던 길이었다. '아, 방학도 끝나가고, 나이도 먹어가네!' 그저 장난처럼 들리던 딸의 말이, 이상하게도 그날따라 마음속에 깊이 박혔다. '다리 힘이 있을 때 여행을 다녀오라.'던 대학 선배의 말도 떠올랐다. 딸과 함께 '스페인, 포르투갈 7박 9일' 패키지 여행을 신속히 결제했고, 당당히 출발했다.
　고등학교 1학년 음악 시간, 선생님은 오페라 〈카르멘〉을 소개하며 스페인의 문화와 역사를 열정적으로 설명하셨다. 그분은 나의 롤모델이자 멘토였다. 선생님의 열망은 사춘기 내 마음속에 고스란히 새겨졌다.
　대학 시절, 다양한 오페라를 접하며 조르주 비제의 〈카르멘〉을 특히 좋아하게 되었다. 유혹적으로 〈하바네라(Habanera)〉를 부르던 집시 카르멘의 농염한 알토 음성과 당당한 태도

때문이었다. 담배 공장에서 일하는 여공이자 치명적인 팜므파탈인 그녀는 절망 속에서도 자유를 갈망했고, 나에게는 그것이 야릇한 해방감으로 다가왔다.

여행 코스에는 카르멘의 배경이 된 세비야 지역이 포함되어 있었다. 카르멘과 같은 여공의 흔적이라도 찾아볼 수 있을까 상상하며, 14시간 35분의 비행 끝에 바르셀로나에 도착했다. 중세의 고풍과 현대의 삶이 어우러진 도시는 세계문화유산의 위엄을 곳곳에서 드러내고 있었다.

여행 나흘째, 세비야 대성당 앞에서 뜻밖의 일이 벌어졌다. 공사 중인 입구에도 불구하고 많은 인파로 붐비던 성당 앞, 우리는 두 줄로 서서 입장을 기다리고 있었다. 긴 기다림 끝에 드디어 우리 팀 차례가 되었다. 선두가 막 입장하려던 찰나, 안내원이 막아섰다.

여권을 확인하던 성당 직원과 우리 가이드가 몇 마디를 주고받더니, 가이드가 내 여권을 들고 외쳤다.

"이지윤 씨, 앞으로 나오세요."

여권을 높이 든 채 가이드가 외치자, 어리둥절한 일행들 사이로 시선이 모였다.

"무슨 일이에요?"

누군가 묻자, 가이드는 내 출생 연도를 읊조리며 어깨를 으쓱했다. 그 순간, 나는 화면이 멈춘 듯 얼어붙고 말았다.

나는 안내자 앞에 홀로 섰다. 이유 모를 수치심과 불안 속에서 떨고 있는 나를 위아래로 훑어보던 그는 손짓으로 입장을 허락했다. 그것으로 끝이었다. 어떤 설명도 없었다. 관광 안내서 어디에도 이런 상황은 예고되어 있지 않았다. 감정의 리듬은 완전히 무너졌다. 기대했던 세비야 관광은 '경로 우대'인지 '경로 차별'인지 알 수 없는 벽 앞에서 망가지고 말았다.

그날 이후, 내 신경은 곤두섰지만, 몸은 도리어 살아나는 듯했다. 위축된 마음은 움츠러들면서도 몸은 앞서 나가니, 더더욱 어리둥절했다. 하지만 진짜 불편했던 건, 식사 때마다 날 따라붙는 안부 인사였다.

"괜찮으세요?"

영혼 없이 던져지는 그 말은 친절이 아니라, 은근한 검열 같았다. 마치 내 몸이 '나이 든 몸'이라는 이유만으로 언제 무너질지 감시당하는 듯, 화가 날 정도였다. 그렇게 속이 부글부글 끓는 와중에도, 여행은 멈추지 않았다.

이슬람과 가톨릭의 문화가 뒤섞인 알카사르 궁전, 고요한 몬 세라의 수도원, 햇살에 빛나는 백색 골목 유적까지-나는 억지로라도 감탄을 되새김질하며 걸었다. 특히 천 년을 산다는 우람한 올리브 나무들과 훈련병처럼 일렬로 선 어린 묘목들이 인상적이었다.

여행 마지막 코스는 가우디가 설계한 구엘 공원이었다. 버려진 돌무더기를 예술로 바꾼 그의 솜씨에 감탄하며, 자연을 닮은 건축물들을 따라 걸었다. 동화 속 세상 같은 그 공간은 남녀노소 누구나 어울려 살 수 있을 것 같았다.

9일간의 여행은 아무 일 없이 끝났다. 나는 먼 타국의 사람들에게조차 걱정을 사는 '원로'였고, 나이 듦을 부끄러워했다. 목덜미부터 화끈해지는 감정을 꾹 눌러 삼키며 태연한 척했지만, 평소 의연하던 내 자세는 허세였다는 걸 인정할 수밖에 없었다. 경로 우대가 이유였다면, 환불이라도 받아 일행에게 와인 한 잔씩 돌리며 멋진 어른 노릇을 해야 했다. 젊은이들보다 건강하고 멀쩡하다는 허세라도 부려야 했다며 여행 마지막 날, 딸과 나는 억울함을 웃음으로 날려버렸다.

수능시험에도 등장한 '노 시니어 존'이 떠올랐다. 지방 공공 수영장에서 67세 이용자가 의식을 잃은 사건 이후, 노인 이용 제한을 두는 시설들이 늘고 있다. 헬스장, 카페 등에서도 60세 이상 출입 제한 문구가 붙기 시작했다.

업주의 권리와 노인 차별이라는 시각이 팽팽히 맞서지만, 연령만을 이유로 한 배제는 결코 합리적이지 않다. 성균관대 박승희 교수는,

"이유 없이 나이만으로 이용을 제한하는 것은 노인 혐오로 이어질 수 있다."

고 경고한다.

  성가족 성당은 2026년 완공 예정이라고 한다. 오래돼서 아름다운 것은 141년에 걸쳐 세워지는 성당만이 아니기를 바란다. 나 역시 그때까지 '당당한 노인'으로서, 내 안의 '카르멘'을 다시 부르고 싶다.

추억의 정기구독

"술 한 잔, 전통주 정기구독."

TV 화면 하단에 깔린 자막을 보고 나는 눈을 의심했다. 신문도, 잡지도 아닌 술을 구독한다니. 방송국 자막 실수라 여겼지만, 곧 성우의 또렷한 발음이 이어졌다. '전통주 정기구독.' 호기심이 발동한 나는 리모컨을 내려놓고 화면에 집중했다.

소개된 이는 20대 청년 사업가였다. 그가 국내 최초로 시작한 이 서비스는 매달 전국 각지의 전통주를 선별해 맞춤형으로 집까지 배송하는 시스템이었다. 사라져 가는 전통주를 되살리고, 수익성 부족으로 명맥이 끊긴 장인의 술 빚기 기술을 이어가겠다는 취지였다. 세계인을 향한 마케팅 전략까지 갖춘 그의 도전은, '전통주 구독'이라는 말이 왜 이 시대에 가능하게 되었는지를 설명해 주고 있었다.

순간, 엄마의 감주가 떠올랐다. 그토록 싫어했던 누룩 냄새가 코끝을 스쳤다. 엄마의 손맛은 소문난 솜씨였다. 특히 술을 빚는 솜씨는 단연 으뜸이었다. 엄마는 찬밥을 모아 감주를 담갔다. 누룩을 손수 불려 체에 거르고, 모시 적삼 풀 먹이듯 고루 저어 옹기 항아리에 담근 후 따뜻한 방에 신앙촌 담요를 덮어 두면 늦은 오후쯤이면 누르스름한 감주가 익어갔다. 그날 저녁 밥상엔 꼭 아버지의 반주로 한 잔이 올랐다.

나는 그날이 싫었다. 시큼한 누룩 냄새, 뜨겁게 달궈진 방, 집 안 가득한 찬밥 냄새는 멀미를 불러왔다.

"엄마, 양조장에서 사다 먹어요! 집 안이 술 냄새나서 싫단 말이에요!"

"이 냄새가 술이 익는 냄새지. 양조장 술이랑은 달라. 감주는 약주야!"

하며 웃으셨다.

학교 가는 동네 입구엔 커다란 양조장이 있었다. 무명 저고리를 입은 아저씨들이 분주히 오가고, 술지게미 냄새가 뒤섞인 공기는 마치 물안개처럼 퍼졌다. 그곳은 내가 피하고 싶은 공간이었지만, 너른 마당만큼은 달랐다. 특히 월요일이면 멍석 위에 김이 모락모락 나는 고두밥이 널렸다. 염전의 소금처럼 반짝이는 그 밥 냄새는 아이들을 불러 모았다. 까치

발을 하고 몰래 다가가 밥알을 집어 먹는 아이들. 아저씨들은 모른 척하다가도 어느 순간 장대를 휘두르며 쫓아냈다.

얼마 전 전주에서 점심 반주로 나온 모주를 맛보았다. 입에 달아서 작은 종지 두 컵을 마셨다. 옛날 엄마가 담그셨던 감주 맛이 떠올랐다. 이것이 생전에 엄마가 말씀하신 '달착지근하게 익은 술 냄새'였구나 싶었다. 익어가는 나이가 되어서야 감주의 맛을 제대로 알 것도 같았다.

지난 일을 문득문득 되살려 보는 일도 일종의 '추억의 정기구독'일 것이다. 한 청년의 '전통주 정기구독' 사업이 내게 동네 양조장의 하얀 무명옷을 입었던 아저씨들, 마당에 널려 있던 고두밥, 감주를 담그시던 우리 엄마의 기억을 불러내었다. 이참에 나도 '추억의 정기구독'을 발행해 봐야겠다. 한 달에 한 번, 잊힌 기억을 불러내고, 잊고 살았던 얼굴들을 글로 적어보려 한다. 마치 오래된 감주처럼, 진하고 달달한 추억 한 잔을 위해.

원적산공원 합주곡

　원적산공원은 원적산 품속에 묻혀 있는 산 아래 공원이다. 생태습지가 있어 원적산에 살고 있는 온갖 동물들이 내려와 삶의 터전을 마련했다. '세월천로'라 불리는 하천에는 천연기념물로 지정된 맹꽁이를 비롯해 개구리, 부엉이 등 귀한 친구들이 있다. 봄이면 올챙이들이 꼬물꼬물 바쁘고 버들치가 노닌다.
　처음 공원을 찾았을 때만 해도 나는 알지도 못하는 무수한 새들의 왕왕거리는 소리 때문에 괴로웠다. 특히 물까치들의 울음소리는 내 고막을 때렸다. 관자놀이가 불끈거리고 머리가 지끈거렸지만, 산소호흡기 같은 공원 운동을 포기할 수는 없었다. 그 당시 답답증이 목울대까지 치밀어 올라 질식해버릴 것만 같은 나날을 보내고 있었다. 버석거리는 벽돌 몇 장을 가슴에 안은 듯 숨이 막혔다. 그나마 숨을 쉴 수 있었던 곳이 공원이었다.

　한 번은 축구장 트랙을 18번 돌고 벤치에 앉아 있었다. 까치 두 마리가 지저귀었다. 한 마리가 '까악' 하면 다른 한 마리가 '까악까' 반복적으로 화답하는 게 신기했다. 도대체 무슨 뜻인지 알 재간이 없었지만, 까치들이 뭔가 소통하고 있다는 것만은 확실했다. 안면이 있던 할아버지께서 '나와 결혼해 주오.'라는 사랑의 세레나데라고 귀띔해 주었다. 공원의 모든 새소리가 세레나데였다니! 곳곳에서 '사랑의 구애' 음악이 들려왔다. 공원은 음악이 흐르는 세상이었다.

　초여름, 옹색한 산비탈 하천에는 두꺼비가 '나 여기 있어.' 하듯 소리주머니 가득 공기를 들이마셨다가 내뿜으며 사랑가를 부른다. 튜바의 트리플 텅잉으로 폭넓은 낮은 소리가 매력적이다. 극악스럽게 구애하는 공원의 매미는 사랑에 달뜬 몸으로 탬버린을 흔들어 대듯 운다. 12~16년을 땅속에 묻혀 있던 기다림의 한을 어떻게 감당할 수 있겠는가? 한여름 매미의 짧은 생애는 누군가를 향한, 긴 기다림의 음악이 된다.

　가을의 귀뚜라미는 자신의 윗날개 오돌토돌한 부분을 다른 날개의 가장자리로 문지르며 소리를 낸다. 리코더의 청아한 소리를 닮은 리듬은 어스름해지는 분홍빛 노을 속에서 시(詩)가 된다. 맵차한 밤공기가 공원을 찾는 사람들을 우수에 젖게 한다.

공원의 합주는 현악기의 선율이 흐르듯이 참새들의 지저귐으로 시작한다. 포물선을 그리듯 데크레셴도에서 부드럽게 레가토로 이어진다. 얄미운 물까치가 꺄악~ 꺅꺅! 끼어들지만, 이내 명랑한 '플루트 폴카'로 험악했던 분위기를 무마한다.

갈참나무에 매달려 놀란 눈으로 지켜보던 직박구리가 그제야 잉글리시 호른의 낮고 부드러운 스타카토로 응수한다. 멀리서 뻐꾸기가 클라리넷 글리산도로 화려하게 끼어들면서 멋진 떨림의 비브라토로 흥을 돋운다. 먹이를 찾고 있던 비둘기도 '구~ 구~' 오보에의 트레몰로 개성을 강조한다. 어슬렁거리던 길고양이가 껄렁껄렁한 몸짓으로 '가르랑가르랑' 랩을 쏟아낸다. 공연의 리허설이 끝났다. 참새들의 우아한 현악기를 시작으로 동물들의 관악기, 타악기의 합주는 우주의 목가적인 자연의 소리다.

클라이맥스다. 연둣빛 드레스 자락을 잡고 펄럭이며 왈츠를 추는 요정들이 여릿여릿한 동작으로 등장한다. 원적산 나뭇잎 색깔을 닮은 청개구리들이다. 머리에는 토끼풀 왕관이 둘러져 있다. 나긋나긋한 연둣빛 왈츠의 향연이 눈길을 잡는다. 원적산 공원 동물들의 합주가 원적산을 향해 흐른다.

오늘도 나는 경보 선수처럼 공원을 걷는다. 베토벤이 〈전원 교향곡〉의 악상을 얻었다는 바덴의 숲길도, 원적산공원의 호젓한 오솔길도, 인생의 강약을 알고 충분히 만끽하라는 자연의 잠언 같다. 무기력의 관성에 억눌려 있던 가슴에 한줄기 물꼬가 트인다. 내용 없는 아름다움, 사심 없이 듣는 소리…. 자연에서 배운 주법이었고 자연스러운 마음이었다.

시루 안의 사랑
-따스한 기억 속 형제 이야기

"엄마, 다녀왔어요."

딸이 손바닥만 한 앙증맞은 상자를 식탁 위에 놓는다. 상자 안에는 하양, 분홍, 초록빛의 작은 꿀떡 아홉 개가 가지런히 담겨 있었다. 분홍빛 꿀떡 하나를 집어 입에 넣자, 깨소금과 꿀이 톡 터지며 고소하고 달콤한 맛이 입안 가득 번졌다. 그 순간, 엄마 손에서 빚어진 수많은 떡이 떠올랐다. 설핏 잠든 기억을 흔들어 깨우듯, 어린 시절 오빠와 언니들의 모습이 눈앞에 그려졌다.

나는 다섯 남매 중 막내였다. 맏언니와는 무려 스물세 살 차이였다. 햇볕에 그을린 손등과 정갈하게 틀어 올린 얹은머리, 엄마의 모습은 또래 친구들의 엄마와는 사뭇 달랐다. 그러나 그 손에서 나온 음식만큼은 누구보다 깊고 정겨웠다. 계절마다 달라지는 간식, 집안의 경사마다 빚어내던 떡에는 가족의 체온이 고스란히 배어 있었다.

겨울방학이면 부엌 가득 퍼지던 통팥 삶는 냄새. 엄마는 시루에 찹쌀가루와 달착지근하고 쫄깃한 마른 호박 꽃이를 섞어 켜켜이 깔고 그 위에는 포근하게 잘 익은 통팥을 층층이 듬뿍 얹어 떡을 만드셨다. 우리 집 대표 떡이 된 통팥 호박꽃이 찹쌀 시루떡이다. 쫄깃한 호박꽃이를 넣어 꿀처럼 줄줄 흘러내리던 노란빛의 달콤함은 우릴 황홀하게 했다.

그 따스하고 묵직한 맛을 떠올리면, 가장 먼저 생각나는 사람은 큰언니다. 말은 적었지만, 장녀로서의 무게를 소리 없이 지탱하며 곁에 서 있는 것만으로도 온 집안의 중심을 잡아주었다. 깊이 뿌리 내려 그늘을 드리우는 느티나무 같은, 우리들의 버팀목이었다.

어린 시절의 나는, 친구들 엄마 또래였던 큰언니를 보며 '내 엄마였으면' 하는 바람으로 가득했다. 친구들은 큰언니를 '내 엄마'라 했고, 내 엄마를 '할머니'라 여겼다. 그래서였을까. 네 살 터울인 조카 윤정이가 괜히 미웠다. 큰언니의 딸로서 당연히 사랑받는 모습을 보며 어린 마음에 시샘이 일었다. 말도 안 되는 질투였지만, 그것마저 어린 시절의 나를 만든 한 조각이었다. 돌이켜보면, 내 마음 한구석엔 늘 '큰

언니가 내 엄마였으면' 하는 바람이 있었다.

　87세로 세상을 떠나기까지 7남매 자식들의 진심 어린 효도 속에서 복된 삶을 사셨고, 우리 형제들에게는 영원한 귀감이었다. 큰언니는 우리 가족 안에서 누구보다 깊은 맛을 낸 장녀였다.

　정월 대보름이 지나고 간식거리가 떨어질 즈음이면 엄마는 남은 찹쌀로 영양 떡을 만들어 주셨다. 서리태, 강낭콩, 밤, 대추, 그리고 찹쌀이 시루 안에서 하나가 되면 기름기 자르르 흐르는 알찬 떡이 완성되었다. 다양한 식감이 어우러진 그 떡은 둘째 언니를 닮았다.

　아주 어릴 적, 나는 둘째 언니가 달력 속 영화배우보다 예쁘다 생각했다. 외모에 별 관심 없던 가족들 속에서 언니는 유독 빛나는 존재였다. 빳빳하게 풀 먹인 하얀 칼라의 검정 교복을 입고 덧니를 드러내며 활짝 웃는 언니의 사진을 나는 연예인 사진처럼 한동안 가지고 다녔다.

　하지만 언니의 매력은 얼굴에만 머물지 않았다. 앞날을 내다보는 눈과 세련된 멋, 진보적인 사고와 시대를 한발 앞서 읽는 감각까지 겸비한 언니는 결혼 후에 레코드 가게를 성공적으로 운영하며 뛰어난 사업 수완도 보여주었다.

　사춘기 여고 시절, 나이 많은 부모님은 내 허영심과 엉뚱

한 행동을 좀처럼 이해하지 못하셨다. 친구들 앞에서 체면을 세우고 싶었던 나는 부끄러움과 외로움 사이를 오갔고, 작은 언니는 그런 내 마음을 누구보다 먼저 알아차렸다. 부모님 몰래 예쁜 사복을 사주고 용돈을 쥐여 주며, 어설픈 사치와 치기까지 따뜻하게 품어주었다.

크리스마스가 되면, 언니는 갈 곳 없는 내 친구들을 레코드 가게로 초대했다. 팝송과 캐럴이 울려 퍼지는 가게 안에서 함께 웃고 노래를 즐기며, 사춘기 소녀의 울퉁불퉁한 자존심을 다독여 주었다. 그렇게 내 삶의 균형을 잡아준, 든든한 후원자였다. 세월이 흘러도 마음속 둘째 언니의 자리는 변함이 없었다. 오랜만에 만나도 어제 본 듯 편했고, 전화 목소리만으로도 마음이 놓였다.

그런 언니가 2024년 9월, 너무도 갑작스럽게 세상을 떠났다. 믿기 어려운 허망함이 오래도록 마음을 아리게 한다. 영양떡 속 달콤한 밤처럼, 오래 씹을수록 깊은 위로를 주던 언니의 온기가 그립다.

지금 남은 형제는 셋째 언니와 오빠, 그리고 나뿐이다.

오빠는 언제나 나와 다른 세계 사람처럼 느껴졌다. 공부를 위해 일찍 집을 떠났고, 함께 지낸 시간도 드물었다. 가끔 집에 들를 때면 흰 피부에 단정한 이목구비, 늘 정갈한 말투의 오빠는 마치 그림책 속 주인공 같았다.

　오빠는 우리 집의 보물이었다. 엄마는 그를 향한 애정을 숨기지 않으셨다. 가장 강렬한 기억은 군대에 간 오빠의 사복이 집에 도착했을 때다. 엄마는 전사 통보라도 받은 듯 대성통곡했고, 긴 시간 부처님께, 천지신명께 무사 귀환을 빌며 지내셨다.

　오빠만을 위한 떡도 우리와 달랐다. 손이 많이 가는 약밥- 찹쌀에 꿀과 간장으로 윤기를 더하고, 잘게 썬 곶감과 잣, 밤, 대추까지 정성스레 섞인 그 떡은 단순한 간식이 아니었다. 엄마의 사랑과 믿음, 기도가 엉긴 듯한 특별한 음식이었다. 오빠는 그야말로 약밥 같은 존재였다.

　엄마가 세상을 떠난 지 10년이 지나, 남은 세 형제가 부모님이 계신 영묘원에 다녀온 날이었다. 식사 자리에서 오빠는 차를 마시다 문득 말했다.

　"내 인생의 황금기는 70대에서 80대까지였어."

　"왜 말년이 황금기예요?"

　오빠는 조용히, 그러나 담담하게 말했다.

　"내가 원한 삶을 산 적은 거의 없었거든. 어머니가 원한 대학, 직장, 배우자…. 그래도 버텼지. 오십 대가 되면 캐나다로 이민 가서 동물 키우며 살자는, 내 시간이 올 거란 희망이 있었지. 그런데 말이지…. 어머니가 백 세까지 사셨잖아.

결국 내 인생은 칠십 넘어 겨우 시작됐어. 딱 10년, 내가 진짜로 산 시간은 그뿐이야."

말끝을 흐리며 길게 숨을 내쉬는 오빠의 표정을 잊을 수 없다. 웃는 것인지, 우는 것인지 알 수 없는 그 얼굴, 그 순간 나는 오빠가 '천성적인 효자'가 아니라, 오직 희망 하나로 버텨온 사람이었다는 걸 알았다. 기억 속의 오빠는 언제나 특별했고, 엄마의 신념이었으며, 소문난 효자였다. 그 특별함과 효자의 자리를 꿋꿋이 지켜온 세월 위에, 오빠의 외로움이 천천히, 깊게 내려앉고 있었다. 그 짠한 마음이, 아마 평생 내 속에 남을 것 같다.

나의 셋째 언니. 추석이면 빠지지 않고 만드는 송편처럼, 익숙하면서도 질리지 않는 사람이다. 송편을 앞에 두고 '속엔 뭐가 들었을까?' 하며 설레듯, 언제나 뭔가 따뜻한 기대를 품게 하는 사람이다.

조용하고 단정한 겉모습은 순해 보이지만, 속은 단단하고 고집도 센 편이다. 공무원이었던 형부의 적은 월급으로 살림을 시작해, 근검절약하며 집안을 일구더니 마침내 형제들 모두를 놀라게 할 만큼 안정된 삶을 만들어냈다. 짠순이로 살았지만, 나에게만큼은 늘 따뜻했다.

용돈을 주고, 반찬이며 군것질거리까지 내가 다 자란 뒤에도 변함없이 보살펴주었다. 여러 가지 고명으로 속을 든든하게 채운 송편처럼 언제나 넉넉했고, 웃을 때면 양 볼에 옅게 팬 보조개가 꽃잎처럼 환하게 피어올라 참 사랑스러운 언니다.

언니는 조그마한 국화빵을 유독 좋아했다. 꽃처럼 예쁜 그 작은 빵 안에는 따끈한 묽은 단팥이 가득했다. 오래 두면 물러진다며 김이 모락모락 나는 국화빵을 급히 입에 넣고, 입술이 델까 봐 혀로 굴리던 언니의 모습이 내 마음에 국화처럼 환하게 피어 있다. 형제 중 나와 가장 많은 시간을 함께했고, 내 자리 하나쯤은 늘 남겨두고 기다려줄 것 같은 사람, 언제나 내 편일 것 같은 언니다.

언니는 삼 형제를 두었는데, 막내아들이 미혼이다. 언니의 가장 큰 소원은 막내를 장가보내는 일이다.

"나는 여든까지만 살고 싶어. 그런데 그전에 죽을까 봐 겁나."

이젠 정말 여든이 되었다.

"언니, 걱정 마요. 오래오래 사실 거예요. 재홍이 장가보내고 손자도 보고, 기왕이면 엄마 DNA 물려받아 꼭 백 세까지 사세요!"

내 말에 보조개가 살짝 패이며 웃는 언니의 얼굴이, 국화처럼 환하게 내 마음에 피어난다.

우리 형제들은 엄마의 떡처럼, 모두 제각기 다른 맛과 결을 지닌 사람들이다. 그 떡들은 한 시루 안에서 함께 익어갔다. 서로 다른 온도와 질감 속에서도 하나의 맛을 내며, 식탁 한가운데 놓였다. 우리 가족도 그랬다. 결이 다르고 표현은 달라도, 한 지붕 아래서 같은 온기로 익어갔고, 서로의 존재를 나눠 먹으며 살았다. 이제 시루 밖으로 먼저 떠난 언니들이 있지만, 그들이 품었던 따뜻한 김과 고소한 내음은 여전히 내 안에 스며 있다. 부재 속에서도 여전히 나를 감싸는 그 온기가, 앞으로의 나를 지켜줄 것이다.

삶이란, 어쩌면 그렇게 익어가다 한 점 향기로 남는 것인지도 모른다. 그리고 나는, 그 모든 떡 사이에서 사랑을 골고루 받아먹은, 참 복 많은 막내다.

용인, 두 개의 풍경

올 추석, 나는 또다시 남편이 잠든 용인공원묘지로 향했다. 그곳은 죽음의 장소가 아니라, 살아 있는 기억이 오래 숨 쉬는 정원이다. 봄에는 산벚나무가 흩날리고, 여름엔 솔향이 짙다. 가을이면 돌계단마다 단풍이 쌓이고, 겨울엔 묘비마저 눈 속에 잠든다. 여기에도 나의 사계절이 깃든다. 남편이 잠든 묘원 최정상부에 서면, 용인의 파란 하늘과 먼 산이 맞닿은 듯 탁 트인 시야가 가슴을 시원하게 뚫어준다. 돌무덤이 답답할까 염려되어 바람과 햇살, 달과 별이 가장 가까이 닿는 자리를 고르고 싶었다. 이곳을 선택한 이유였다. 매년 이곳의 풍경을 바라보면, 죽음 이후에도 남는 것은 결국 '시선'이라는 생각이 든다. 사람은 떠났지만, 그의 눈길은 여전히 내 안에서 세상을 바라본다. 묘역은 드넓은 규모 속에서도 묘마다 일정한 간격과 높이를 유지한다. 전체가 하나의 웅대한 돌의 패턴처럼 보인다. 가족들이 놓아둔 화려한 조화들은 바람에 흔들리며, 섬뜩하게 일렁이는 빛의 물결을 만든다. 산자락을 덮은 인공적인 강렬한 색채가 마음 시리다. 반듯한 묘비와 질서 정연한 길 사이로 바람이 지나간다. 삶과 죽음이 고요히 겹치고, 한 생이 단정하게 정리된 자리처럼 느껴진다. 완만한 구릉과 송림이 드넓은 묘역을 둘러쌌다. 공기는 서늘하게 씻긴 듯 맑았고, 순한 햇살이 잔디와 흙 위로 가득 내려앉았다. 능선을 들고양이들이 어슬렁거리고, 가족이 함께 걷는 모습은 정물화처럼 고요하다. 이곳에서는 죽음조차 하나의 풍경으로 편입된다. 슬픔이 고요히 녹아 있는 공간, 이곳에서 비로소 '산다는 것'을 배운다.

찾을 때마다 되살아나는 그 얼얼한 감정은 어김없이 나와 아이들을 호암미술관으로 데려간다. 차로 20여 분 남짓, 어느새 그 길은 우리 가족의 루틴이 되었다. 해마다 설과 추석, 적어도 1년에 두 번은 꼭 찾게 되는 익숙한 곳이다. 그날은 긴 연휴의 첫날이었지만, 산소에서 호암미술관으로 향하는 길은 이상할 만큼 고요했다. 두꺼운 구름이 하늘을 가려 뿌연 회색빛이 길을 덮었고, 이른 단풍잎들은 가을을 재촉하듯 바람에 한 잎 두 잎 떨어졌다. 산소에서 받은 묵직한 감정이 가라앉을 무렵, '돌의 단단함과 유리의 투명함, 물의 흐름과

빛의 떨림이 겹치는 공간, 시간의 층이 드러나는 장소'라고 소개된 호암미술관에 도착했다. 입구에 들어서자 가장 먼저 눈에 들어온 것은 정원 희원(熙園)에 세워진 모조 다보탑이었다. 경주 불국사에 있는 원래의 다보탑을 온전히 복제한 형태다. 진품의 탑은 사자의 두 다리가 훼손된 채 남아 있지만, 이곳의 탑은 네 마리 사자가 완벽히 받치고 있다. 표면에는 세월을 흉내 낸 듯, 인위적으로 만든 이끼와 얼룩이 스며 있다. 그 앞에서 한동안 발걸음을 멈추었다. 새로 깎은 돌 위에 덧칠된 흔적들은 어딘가 어색하고 낯설었다. 마치 시간을 빌려온 듯한 그 표면은 어쩌면 우리의 슬픔도 이와 같지 않을까. 세월이 흘러 겉은 덧칠되고 달라진 듯해도, 가슴속 오래된 상처는 여전히 제자리인 채 머문다. 이 인공적인 덧칠은 세월이 상처를 덮어주리라는 희망이자, 혹은 덧칠해야만 견딜 수 있는 인간의 필연적인 행위 같다.

   덧칠된 시간의 의미를 생각하며 천천히 전시장으로 들어섰다. 입구에는 많은 사람들이 입장을 기다리고 있었다. 미국 화가 루이즈 부르주아의 '덧없고 영원한 것' 특별전이 열리고 있었다. 전시장의 공기는 달랐다. 벽은 검은 벨벳으로 덮여 있었고, 붉은 조명이 바닥에 흘러내렸다. 한 걸음 옮길 때마다 범상치 않은 작품들이 어둠 속에서 나를 삼키는 듯했다. 압도적인 설치 조각 앞에서 발걸음을 멈췄다. 그녀의 대표작, 〈엄마(Maman)〉였다. 검은 철로 만든 거미의 다리가 천장을 가득 메우고, 위태롭게 매달린 알주머니 아래로 섬세한 다리들이 뻗어 있었다. 거대한 다리는 위협처럼 느껴졌다. 그 아래를 조심스레 지나며 고개를 들던 순간 나는 두려움보다도 천막처럼 펼친 다리의 그늘이 아늑한 안도감으로 다가왔다. 작가의 거미는 세상의 어머니였다. 무수한 다리로 실을 엮고, 상처 난 틈을 꿰매며, 자기보다 연약한 존재들을 감싸는 어머니. 부르주아는 '어머니는 나를 지탱해 준 존재이자, 실을 잇는 직조가였다.'고 했다. 그 말은 내 안에 항상 존재하는 내 엄마와 마주하게 했다. 어릴 적, 날 부끄럽게 했던 쪽 찐 머리의 할머니 모습의 엄마다. 그러나 늙은 엄마의 손길, 그 손끝의 온기는 여전히 내 몸 구석구석에 남아 나를 지탱하고 있다. 그 온기 덕분에 지금까지 잘 살아올 수 있다는 걸 늙어서야 깨달았다. 늦둥이였기에 누렸던 모든 것들, 헌신적이던 엄마의 할머니 같은 모습이 부끄러움이 아닌 자랑스러움으로 가슴이 벅차곤 한다.

전시장을 나설 때, 유리 벽에 부딪힌 따뜻한 붉은빛이 내 얼굴을 덮었다.
"기억은 사라지지 않는다. 다만, 희미해질 뿐. 희미해짐은 망각이 아니다. 온전히 살아냈다는 증거이며, 이제는 나를 파괴하지 않는다는 뜻이다. 그것이 성숙이고, 회복이고, 사랑이다."

　작가의 메시지에는 부르주아가 고통을 붙잡아 예술로 길어 올린 이유가 잘 드러났다. 나는 비로소 그녀가 말한 '덧없고 영원한 것'을 이해했다. 누구도 상처 없이 오늘에 이르지 않았다. 시간은 아픔을 지우지 못하지만, 그 날카로움을 서서히 둥글게 만든다. 고통을 바라보는 시선 또한 조금씩 변해, 언젠가 잔물결처럼 잠잠해지는 날이 온다. 그것이 우리가 견디고, 또 살아내는 방식일 것이다.

　'기억이 희미해진다는 것.'

　고통에서 벗어나 이제는 부드럽게 품어 탄생시킨 그녀의 작품을 떠올리며 미술관을 나섰다. 주차장으로 향하는 길, 낮은 회색빛 구름이 우리를 따라왔다.

젓가락 하나

추석 차례상에 올릴 생선을 사러 오랜만에 재래시장을 찾았다. 시장은 예전 같지 않았지만, 먹거리 골목에서 풍겨 나오는 냄새만큼은 여전했다. 후각에 젖은 시간은 변하지 않았다. 튀김 기름의 고소함과 떡볶이의 매콤달콤한 향이 뒤섞여 코끝을 훅 치고 들어왔다. 그 순간, 뜨거운 고추장 양념의 붉은 기운이 갑자기 시야를 가로막았다.

"샘, 전 세상에서 라볶이가 제일 맛있어요! 나중에 돈 많이 벌면 라볶이를 배 터지게 사 먹을 거예요, 후후!"

빨간 고추장 국물이 묻어 반질거렸던 입술, 쫑알거리던 승이의 앳된 목소리가 귓가에 생생히 꽂혔다. 나는 멈춰 섰다. 아이가 불쑥 내 앞에 나타난 듯, 승이의 해맑은 웃음이 홀연히 떠올랐다.

1999년 새천년을 코앞에 둔 해, 나는 인천 소재 한 여자 중학교에서 3학년 1반 담임을 맡았다. 인천의 명문 학교로, 성적도 우수하고 집안 형편도 넉넉한 아이들이 많았다. 46명 아이들의 맑고 유쾌한 웃음과 수다가 교실을 하루 종일 채웠다. 그 활기찬 공기 속에는 고입(高入)을 준비하는 열기와 기대로 인한 미세한 긴장감이 함께 감돌고 있었다.

　승이는 우리 반에서 가장 작은 아이였다. 작은 키와 발육이 덜 된 깡마른 몸집이었다. 희끗희끗 버짐이 피어오른 핏기 없는 얼굴에 작은 눈과 코, 끊임없이 종알거리던 예쁜 입술, 귀여운 더미 인형 같았다. 하지만 목소리만은 누구보다 컸고, 교실을 날아다니듯 휘저었다. 친구들은 막냇동생처럼 간식을 챙겨주며 잘 어울렸다. 내가 심부름을 시키면 '맛있는 것 사줘야 돼요!' 하며 흥정을 했고, 늘 마지막에는 '전 이 세상에서 라볶이가 제일 맛있어요.'라며 나를 압박했다. 이럴 때 승이는 민망함을 감추려는 듯 목소리는 높아지고 건방스럽게 몸을 흔들어 댔다. 나는 승이와 몇 번 라볶이를 먹었다.

　승이의 가정 사정을 알게 되기까지는 그리 오래 걸리지 않았다. 아버지는 다른 살림을 차렸고, 엄마의 행방은 묘연했다. 고등학생 언니와 단둘이 지하방에서 살았다.

　도시락이 필수이던 시절, 점심시간이 되면 승이는 젓가락 하나만 들고 교실을 돌았다. 친구들은 자연스레 밥을 나눠 먹었고, 내 도시락도 예외는 아니었다.

"이 반찬 선생님이 만든 거예요? 솜씨 별로예요!"

"삐지지 마요, 내가 한 번 더 먹어줄게요! 헤헤."

아이들의 웃음소리 속에서 교실은 어느새 하나의 큰 식탁이 되었다. 그러나 1학기 기말고사가 다가오면서부터 승이는 지각을 하기 시작했다. 하루, 이틀, 연속된 지각은 곧 결석으로 이어졌다. 늘 교무실에 와 간식을 집어 가던 아이가 보이지 않는다는 걸, 나는 뒤늦게야 깨달았다. 이유를 물었을 때, 돌아온 대답은 단 한마디였다.

"학교가 싫어졌어요."

나는 그 속에 담긴 숨은 외침을 듣지 못했다. 사춘기의 변덕쯤으로 치부하며 넘겨버렸다.

방학식을 끝낸 뒤, 승이와 함께 1학기 마지막 라볶이를 먹으며 약속했다

"매주 월요일 10시, 전화 통화로 안부 묻기."

그러나 전화를 받지 않는 날이 많았다. 간신히 연결해도 '잘 지내요.'라는 짧은 대답뿐, 전화선 너머로 밀어내는 기운이 손끝을 스쳤다. 더는 묻지 못했다.

2학기 개학 첫날, 승이는 나타나지 않았다. 불길한 마음에 반장을 시켜 집을 알아 오게 하고, 다음 날 직접 찾아갔다.

아파트촌을 벗어난 골목 끝, 지하방 문을 열자, 곰팡내와 눅눅한 열기가 한꺼번에 밀려왔다. 쓰레기가 널린 방 안, 국물이 말라붙은 컵라면 그릇 위로 파리 떼가 앵앵거렸다.

"승아."

세 번을 부르자 겨우 눈을 뜬 아이는 이내 모든 시선을 거부하듯 이불을 머리끝까지 끌어올렸다. 웅크린 몸, 나는 차마 그 이불을 걷어낼 수도, 아무 말도 할 수가 없었다. 목구멍에서 말이 멎어버렸다.

'더 이상 승이의 자존심을 건드리지 말자.'고 스스로 되뇌며, 승이의 어려운 사정을 최대한 티 내지 않고 보듬으려 애썼다.

그해 2학기는 나와 승이의 숨바꼭질이었다. 붙잡으면 달아나고, 달아나면 다시 찾아가야 했다. IMF의 찬바람이 집집이 스며들던 시절, 넉넉한 집 아이들은 학원가 불빛 속에서 미래를 설계했지만, 승이는 도시락조차 챙기지 못하는 날이 잦았다. 나의 노력으로는 닿을 수 없었던 그 빈 공간만큼, 그때 우리 사회의 안전망은 승이의 가녀린 어깨를 감싸기에는 너무도 헐거웠다. 그 하나의 젓가락에 기대어 버티던 모습은, 그 시대 많은 아이의 얼굴이기도 했다. 어쩌면 승이의 당돌한 말투와 장난스러운 몸짓은, 그 나름의 방패였을 것이다.

승이는 졸업에 필요한 출석 1/3만 겨우 채운 뒤 실업고로 진학했다. 그리고 소식은 끊겼다.

지금쯤 승이는 라볶이를 마음껏 먹고 있을까.
"샘, 라볶이가 세상에서 제일 맛있어요! 돈 많이 벌면 날마다 먹을 거예요!"
허공에서 젓가락을 흔들던 승이의 모습이 눈앞에 선하다.
오늘따라 손에 든 제수용 조기가, 유난히 무겁다.

황태의 시간

저는 술안주 하면 으레 마른 명태가 생각납니다. 다른 이들은 삼겹살이나 오징어도 떠올리겠지만, 내 머릿속에는 늘 명태포가 먼저 자리합니다. 술안주 삼아 소주 몇 잔으로 얼큰하게 취해본 적 없는 나에게도 명태는 특별한 울림을 전하는 안주입니다.

고등학교 1학년 음악 시간, 성악가 오현명 선생의 묵직하고 풍성한 저음이 교실을 울렸습니다. 양명문 시에 변훈의 곡을 붙인 〈명태〉였습니다. 기묘한 가사와 생소한 노래 형식에 저는 이 곡이 가곡이 맞는지 헷갈렸습니다.

　　어떤 외롭고 가난한 시인이
　　밤늦게 시를 쓰다가
　　쇠주를 마실 때
　　(캬아~)

그의 안주가 되어도 좋다
그의 시가 되어도 좋다
쫙쫙
찢어 내 몸은 없어질지라도
명태~ 명태~ 이 세상에 남아 있으리라.

우리 반 애들은 그 가곡을 듣고 킥킥거렸고, 어떤 친구는 '명태가 웬 시냐?'라며 조롱하기도 했습니다. 처음에는 우스꽝스럽고 낯설던 노래였지만, 들을수록 중독성이 있었습니다. 특히 베이스바리톤 오현명 선생님의 묵직한 저음 속에 자조적인 신세타령의 민속적인 가락과 풍자적인 가사가 어우러져 강렬한 인상을 주었습니다. 삶의 고단함을 견디는 시인의 애환과 그것을 묵묵히 받아들이는 명태의 체념 같은 것이 느껴졌습니다. 내 마음에 짠하게 스며들면서 숙연한 떨림으로 변했습니다.

그날 이후, 술안주라는 말만 들어도 나는 자동으로 명태를 떠올리게 되었습니다. 명태는 단순히 안주가 아니었습니다. 질긴 명태의 껍질 속에 배어 있는 삶의 맛으로서, 서민의 곁을 지키는 친구 같았고, 술안주로 적격이라 여겨졌습니다.

세월이 흘러 나도 글을 쓰는 사람이 되었습니다. 늦은 나이에 시작한 글쓰기는 분에 넘치는 성과를 선물했지만, 늦은 출발이 오히려 저를 조급하게 만들었고, 그 생각에 겁이 나기도 했습니다. 우왕좌왕 글쓰기 공부에 뛰어들었지만, 갈피를 잡기 어려웠습니다. 유명 문화센터 '백일 글쓰기 반'에 등록해 하루하루 A4 종이 앞에서 씨름했습니다. 그 인내는 생각보다 버거웠습니다.

 그때 문득, 명태를 안주 삼아 밤새 시를 쓴다고 했던 〈명태〉 속 시인이 떠올랐습니다. 저는 즉시 그 시인을 흉내 내듯 책상 위에 사이다 한 병과 명태포를 올려두기 시작했습니다. 매일 사이다 잔은 비워가고 명태포는 줄어갔지만, 종이 위에는 볼펜 똥만 멸치 똥처럼 여기저기 흩어질 뿐이었습니다. 글은 안 되고 책상만 어지럽혀졌죠. 그런데도 저에게는 안성맞춤이라 여겨졌습니다. 저는 계속 글자와 씨름을 이어갔습니다. 밤이 깊도록 책상에 똬리를 틀고 앉아, 질긴 명태 살을 뜯어내듯 한 줄, 두 줄 문장을 겨우 짜냈습니다. 오기로 써 내려간 글줄 속에서 때때로 명태의 모습이 희미하게 떠오르곤 했습니다. 그럴 때면 사이다 한 모금을 마시고는 '캬아~!' 소리를 내며 기분을 내보았지만, 글솜씨는 좀처럼 나아지지 않았고 제 주변에는 황태 부스러기만 수북이 쌓여갔습니다. 이 허망한 부스러기를 만들어낸 것은, 그 질긴 시간을 처절하게 견뎌낸 동해의 명태였습니다.

명태가 황태로 노랗게 익어가는 과정은, 바닷바람과 햇살 아래 수많은 밤낮을 얼었다가 녹기를 반복하는 인고의 시간입니다. 그 질긴 껍질과 결마다 켜켜이 스민 지루함이 마침내 황금빛 명품으로 탈바꿈했겠지요. 저의 늦은 출발과 서툰 문장, 이 또한 황태의 끈기와 인내를 닮아야 한다는 깨달음이 저를 채찍질합니다.

그 묵직한 깨달음에 잠시 숨을 고르며, 나는 눈앞의 명태포를 들어 올립니다. 명태 뜯는 실력 하나만큼은 전문 필자에 버금갈 것 같아 헛웃음이 납니다. 황태포를 안주 삼아 불룩해진 저의 뱃살이 어쩌면 좋은 수필 한 편쯤은 써줄지도 모른다는 기대도 품어봅니다.

다시 책상 위의 종이를 펼칩니다. 질긴 살결을 한 올씩 뜯어내듯, 한 줄 한 줄 글자를 적습니다. 언젠가 이 거칠고 투박한 문장들이 황태의 고소한 맛처럼 은근히 삶을 위로해 줄 날이 있을 것이라 믿으면서 말입니다.

Viva la Vida

얼마 전, 나는 프리다 칼로의 마지막 작품 〈비바 라 비다〉 사진을 품에 안았다. 파란 하늘을 배경 삼아 큼직한 초록 수박 한 덩이가 화폭의 중심에서 펼쳐진다. 덜 익은 수박, 반으로 잘린 채 씨가 박힌 수박이 붉은 속살을 드러내고 있다. 오른편에는 사각형으로 삐죽삐죽 여러 조각이 난 수박이, 그리고 중앙 맨 아래쪽에는 사분의 일 덩이로 잘린 수박의 붉은 속살에 'VIVA LA VIDA' 글자가 선명히 새겨져 있다. 그 아래로는 '프리다 칼로 코요야 깐, 1954, 멕시코'라는 작은 글씨체가 쓰여 있다.

내 눈에는 그저 의미 없이 늘어놓은 듯 평범해 보이는 배치. 그럼에도 불구하고 수박 속살에 새겨진 글자는 나를 깊은 생각 속에 잠기게 한다. 프리다의 삶을 알고, 이것이 그녀의 마지막 유작임을 알고 나니 더욱 그랬다. '인생이여 만세-.' 삶을 향한 찬탄을 그렇게 붉고 짙은 수박의 심장에 새겨 넣은 용기와 고집은, 누가 뭐래도 프리다 칼로다웠다. 멕시코 전통에 깊이 뿌리를 두고 평생 그림을 그려온 그녀에게 수박은 단순한 과일을 넘어선 자신의 정체성이자 생명의 숭고한 상징이었으리라.

그녀는 부서진 육체를 자화상이란 이름으로 세상에 전시하듯, 온몸으로 그림을 그려냈다. 육신과 정신의 고통, 무의식의 욕망까지도 문신처럼 새겨 넣은 진정한 예술가였다. 어쩌면 그렇기에, 그녀의 입에서 터져 나와야만 비로소 '인생이여 만세'가 온전히 울려 퍼질 것 같은 느낌이다.

프리다를 떠올리면 우선 강렬하고 짙은 갈매기 눈썹의 시그니처가 먼저 연상된다. 그 눈썹 아래, 정면을 똑바로 응시하는 자화상 속 얼굴들은 그녀가 자신에 대해 품었던 흔들림 없는 자존감을 선명히 드러낸다. 아파서 그림을 그릴 수밖에 없었던 프리다는 고통을 직면하고 거침없이 표현했다. 그림 어디에나 메시지와 서사가 살아 숨 쉬었고, 고통이 닿은 자리마다 남편 디에고 리베라의 흔적을 남겼다.

육체적 질고와 배우자의 외도에도 끊임없이 작품을 창작해 내는 열정의 원천은 무엇이었을까. 아마도 고통스러운 삶이야말로 예술만큼은 자신이 온전히 통제할 수 있는 유일한 영역이라 믿었기 때문일 것이다. 프리다는 작고 연약한 몸

안에 위대한 예술혼을 담은, 참으로 진정한 영웅이었다.

'내 인생에 어둠이 깃들기 시작했다.'라는 그녀의 마지막 예고처럼, 죽음이 다가오던 시기에도 프리다는 여전히 생생하고 달콤한 수박을 그렸다. 그리고 그 속에 삶을 향한 마지막 인사를 남겼다. 〈비바 라 비다〉, 그녀는 이 작품을 완성한 지 여드레 만에 세상을 등졌다.

예술은 언제나 내 삶의 중심이었다. 초등학교 4학년 때 담임 선생님의 권유로 독창 대회에서 우승을 차지했고, 그 일을 계기로 음악의 길에 발을 들였다. 중고등학교 시절에는 음악 전공을 목표로 정진했고, 대학에서는 성악을 전공했다. 주변의 칭찬에서 시작된 음악은 나를 음악 선생님이라는 직업으로 이끌었고, 그 직업은 내 삶에 든든한 자존감을 안겨주었다.

퇴직 후, 신은 내게 또 한 번의 선물을 건넸다. 지금 나는 수필가의 길을 걷고 있다. 인생의 끝자락에서 마주한 이 축복을 황송한 선물이라 여기며, '감사와 각오'로 마음의 뼈대를 세우고 글을 써 내려가고 있지만, 글쓰기는 참으로 어려운 작업이다. 늦게 시작했다는 조급함은 창작의 환희보다는 남의 시선과 세상의 평가에 얽매여 나를 자주 헤매게 만든다. 성숙을 위한 시간과 수련의 기본조차 잊은 건 아닌가 싶어, 얼굴이 홧홧해질 때도 많다.

프리마돈나를 꿈꾸던 어린 시절, 음악 선생으로 삶을 이끌었던 중년, 그리고 수필가의 노년. 그때마다 삶의 빛깔은 달랐지만, 내가 짊어져야 할 무게는 늘 같았다. 프리다 칼로의 그림 속 수박들이 크기와 색깔, 모양은 달라도 껍질을 벗기면 모두 붉은 속살과 같은 단맛을 품고 있는 것처럼 말이다.

육체의 고통과 정신의 허기 속에서도 예술에 대한 사랑을 놓지 않았던 프리다 칼로. 그 치열하고 단단한 집념 앞에 문득 숙연해진다. 그녀처럼, 생의 마지막 언저리에서 내 인생을 오롯이 담아낼 단어 하나를 떠올릴 수 있다면 얼마나 좋을까. 그것이 음악이었기를, 문학이었기를, 그리고 마침내 이 모든 삶을 너그러이 끌어안는 말,

비바 라 비다 - 인생이여, 만세였기를.

• 후기 용인묘지공원

• 서평 그대가 사랑했던 그 모든 것들을
　　　　이승하(시인, 중앙대학교 교수)

후기

용인묘지공원

식은땀으로 얼룩진 당신의 마지막 생 한 조각
이른 12월 초 해 질 무렵,
"첫눈인가?"
빗방울처럼 창틀에 매달린 눈물
희색빛 하늘에 희끗희끗 어린 눈발, 빗물에 스러져 간다.

빗물이 떨어진다.
삼복더위 한낮 펄펄 끓는 기름 속에 던져진
야채튀김 소리에도
바윗덩이 같던 당신 다리, 지팡이처럼 야위어가던 시간.
흔들의자에 앉아 '다 잘 될 거야.' 하던 희미한 미소.

새로 빨아 말린 새하얀 베갯잇과
순면의 흰 이불보가 내 맨살에 닿을 때의 기시감.
그리고 묘지 주변에 피어난 할미꽃, 개망초, 무수한 들꽃들.

하늘과 가장 가까운 산등성이,
서늘하게 아름다운 직사각형의 대리석 지붕 하나.
이제 시간이 흘러
내 가슴으로 익힌

독주 한 잔 받으시구려.

서평

그대가 사랑했던 그 모든 것들을

이승하

(시인, 중앙대학교 교수)

이지윤 님의 수필집을 읽을 독자 여러분께

안녕하십니까? 저는 시를 쓰고 있고 중앙대학교에서 학생들에게 시를 가르치고 있는 이승하라고 합니다.

제가 왜 인천광역시 부평구에 살고 계시는 이지윤이란 분의 수필집 해설을 쓰게 되었는지 궁금하지 않습니까? 하하, 사실 저는 지금까지 이분을 한 번도 뵌 적이 없습니다.

몇 달 전이었지요. 인천문화재단에서 예술창작생애지원(생애 처음, 원로예술인) 사업을 진행하는데 심사를 해줄 수 있냐고

의뢰가 왔기에 응했고, 미리 원고를 받아 꼼꼼히 읽고 점수를 냈습니다. 그 후 어느 날 3명 심사위원이 재단 사무실에 가서 합산한 것을 토대로 장시간 토의를 했고, 그 결과가 공지되었습니다.

　그런데 얼마 뒤에 전화가 왔습니다. 자기가 예술창작생애지원에 뽑혔는데 심사위원 이름 중에 제 이름이 있어서 전화를 한다는 것이었습니다. 자기를 수필 분야에 지원한 이지윤이라고 소개하는데 이런 전화는 얼른 끊는 것이 상책이라 '네, 축하합니다.' 하고는 전화를 끊으려는 순간이었습니다. "제가 수필집을 내려고 하는데 해설을 부탁드려도 될까요?" 말하고는 "제 수필 원고를 선생님께서 여러 편 보셨잖아요. 제 수필이 좋다고 뽑아주셨잖아요." 하면서 소감을 받고 싶다고 간청하는 것이었습니다. 이것 잘못 걸렸구나 생각하고는 전화를 끊고 싶은데 무어라 자꾸 얘기를 하기에 "수필집 원고 메일로 보내주세요. 보고 연락 드리겠습니다." 하고 얼른 끊고 안도의 한숨을 내쉬었습니다.

　학교 메일로 온 원고는 총 4부 52편, 만만치 않은 양이었습니다. 읽어 나가면서 저는 편편의 사연에 빨려들게 되었고, 해설을 쓰는 책임을 감당하기로 했습니다. 우리 말 중에 '잘못 엮였다'라는 것이 있는데 제 경우는 잘 엮인 것인지 잘못 엮인 것인지 모르겠습니다.

시집 해설은 많이 써보았지만 수필집 해설은 몇 번 써본 적이 없습니다. 제가 수필가가 아닌 데다 수필집은 권말에 해설이 거의 붙지 않거든요. 그나저나 저는 재미있고 감동적인 이야기들에 빠져들어 써보겠노라고 문자를 보냈고, 프린트한 원고도 받게 되었습니다.

여기까지가 이지윤 님의 수필집 해설을 쓰게 된 계기입니다. 아직 뵌 적도 없는 분이지만 조금은 당돌하고, 아주 적극적이고, 삶과 글과 가족을 사랑하는 분임을, 또한 인연을 소중히 여기는 분임을 알 수 있었습니다. 심사위원의 발목을 붙잡고 늘어질 생각을 하다니! 하하, 내심 웃으면서 해설을 어떻게 써야 하나 고심하기 시작했습니다.

제일 앞머리를 장식하고 있는 〈A4 한 장〉은 신혼 초와 지윤 님의 퇴직 1년 전 무렵의 일을 회상하며 쓴 글입니다. 교장인 아내의 퇴직이 1년 앞으로 다가오자 남편은 자기도 퇴직해 캠핑카를 구입, 전국 방방곡곡 여행을 다니면서 아내에게 좋은 경치 보여주고 맛난 음식 맛보게 하겠다는 것이었습니다. '캠핑카 놀이'는 캠핑카의 종류와 구조, 가격, 튜닝의 필요성, 준비물, 여행지까지 A4 용지 한 장 가득 채우면서 정리하는 재미있는 상상이 구체화되는 놀이였던 것입니다.

그런데 남편의 이런 즐거운 상상 놀이는 결혼 초부터 2년간이나 지속된 적이 있었습니다. 의대 본과 3학년 학생인 남편은 본인의 수입이 제로였으므로 아내에게 해줄 것이 없었습니다. 아내는 갓 중학교에 부임한 음악 선생님이니까 가계를 책임지게 되었겠지요. 순진한 의대생 남편은 매주 복권을 사 와서 아내에게 소원을 A4지에 적어보라고 보챕니다.

달동네 단칸방에서 바닥에 엎드려 써 내려간 종이에는 전혜린이 말한 뮌헨의 검은 맥주를 소시지 안주를 놓고 먹어보는 것을 시작으로 헵번스타일의 원피스를 사 입고 부산의 태종대와 자갈치 시장 구경으로 이어졌지요. 국내 여행? 더 큰 꿈도 꿔보라고 하니까 이지윤 님은 유럽 곳곳의 미술관을 둘러보고 로마의 스페인광장 계단에 앉아 젤라토를 핥을 생각을 하며 지구 곳곳의 여행을 상상했고 호텔식 화장실과 욕조가 딸린 '내 집'을 소망합니다. 하지만 매주 샀던 복권은 단 한 번도 당첨된 적이 없었습니다.

안타깝게도 남편분에게 병마가 찾아와 캠핑카 놀이가 중단되고 맙니다. 복권의 꿈은 2년이라도 갔는데 2019년 1월 5일, 평생의 반려자는 암과 싸운 지 1년도 못 되어 눈을 감습니다.

이지윤 님이 첫애를 가졌을 때 홍익회 우동이 먹고 싶다고 하자 대학생 남편은 밤 11시가 넘은 시각에 아내를 자전거 뒤에 태우고 기차역으로 몇 차례나 달려가 우동을 사준

자상한 분이었지요. 아, 이 장면은 상상만 해도 가슴이 설렙니다. 독자 여러분 중 지윤 님의 남편분만큼 자상한 분이 계신가요?

오랜 벗이자 인생의 동반자였던 남편분을 졸지에 잃고 흔히 말하는 멘붕 상태가 된 지윤 님을 일으켜 세운 것은 '글'이 아니었을까요? 한평생 남이 쓴 글과 펴낸 책을 읽어 온 독자였던 이지윤이란 사람이 〈곰 사람 100일 글쓰기 프로젝트〉 문화센터 프로그램 광고를 본 것은 천우신조였습니다. 수강생이 20~30대 청년들인데 그 틈에 끼어 '글'을 직접 써 보게 되었던 것입니다.

강사분의 "단 한 줄이라도 좋다. 비교하지 마라. 스스로에게 쓰는 글이다."라는 격려도 큰 힘이 되었겠지만 지윤 님의 아드님이 "엄마, 글이 엄마의 진심에 닿지 못한 것 같아요. 진정한 감동은 엄마의 가장 솔직한 모습, 꾸밈없는 속내를 보여줄 때 느껴지는 것이잖아요!"라고 한 말이 대오각성케 했고 '전환의 포인트'가 된 것이 아닐까요?

그리하여 한 문장 한 문장 써 나간 글은 서서히 작품으로서의 수필이 되어 갔습니다. 노력한 만큼 결실이 있었습니다. 코로나가 한창일 때인 2021년, 인천의 '인천문예대전'에 투고했더니 수필 부문 대상에 뽑힌 것이었습니다. 다음 해인 2022년에 《에세이문학》 봄호에 수필이 당선됨으로써 수필가로 정식 등단을 하게 되었습니다. 그리고 마침내 올해 인천 문화재단의 창작지원금을 받게 된 것이지요.

수필집 《다 카포(Da capo)에 서다》는 크게 두 가지 측면에서 논의할 수 있습니다. 하나는 성장기 스토리라는 것입니다. 이지윤 님 자신이 겪었던 일들, 즉 일종의 가족사라고 할 수 있습니다. 타인의 자전적인 이야기는 휴먼 스토리건 비극적인 내용이건 일단 재미가 있습니다.

또 하나는 자아 찾기의 과정이라는 것입니다. 남편을 여의고 나서 우울의 늪에 빠져 허우적거리기도 했었지만 글을 쓰면서 자신을 정립해 나가는 과정을 찬찬히 그림으로써 이 수필집이 일종의 성년식이나 성장통이 되게 했습니다. 이때 작가의 나이는 중요하지 않습니다. 나를 찾고 나를 만나는 여정을 그리면 되니까요. 이 글들은 자신의 인생관과 세계관을 펼친 중수필(重隨筆)류의 글이 아닐까 합니다.

5남매의 막내로 태어난 이지윤 님은 맏언니가 스물세 살 위라고 했습니다. 엄마 같은 언니였습니다. 그런데 엄마는 옛날 분으로, 외출할 때는 반드시 쪽찐 머리를 했으니 어린 지윤이 보기엔 헤어스타일부터 완전히 할머니였던 것이지요. 하이힐은커녕 하얀 고무신을 신고 외출했으니 부끄러워 미칠 지경이었을 겁니다.

엄마는 열아홉, 새색시 시절부터 올린 단아한 쪽찐 머리를 평생 놓지 않으셨다. 화장하지 않았던 엄마의 경대 위에는 로션 하나와 동백기름, 촘촘한 참빗 두 개가 가지런히 놓여 있었다. 엄마는 이른 아침이면 동백기름을 바르고 참빗으로 곱게 빗어 틈새 하나 없는 기름진 긴 머리를 손가락에 돌돌 말았다. 그리고 옥빛 비녀를 암팡지게 꽂고 하루를 시작했다. 하루 종일 머리카락 한 올 흘러내리지 않을 것 같은 단정한 모습이었다.

쪽찐 머리에 어울리기 때문인지, 엄마의 취향인지 알 수 없었지만, 대부분 한복 차림이었다. 더운 여름에도 외출 때에는 반드시 하얀색이나 비취색의 세모시 적삼과 투박하고 거친 삼베 치마를 입었다. 언제나 풀을 먹이고 곱게 다린 한복 차림의 단아한 모습은 주변 사람들의 눈길을 끌었다. 그러나 친구들 엄마 패션과는 너무도 다른, 쪽찐 머리에 하얀 고무신까지 갖춰 신은 엄마의 모습은 어린 내게 창피함이었고, 때로는 움츠러들게 했다.

아마도 소녀 이지윤이 부모 형제의 사랑을 듬뿍 받으면서 자란 복덩어리였지만 근원적인 외로움과 오래간 부끄러움은 엄마가 마흔여섯 살에 낳은 완전 늦둥이였던 데 그 원인이 있지 않았을까요. 그래도 항도 군산에서 어린 시절을 보내면서 구김살 없이 학창 시절을 보냈던 것이 아닌가 합니다. 어머니의 떡 빚는 솜씨는 완전히 '생활의 달인' 수준이었군요. 요즈음 같으면 텔레비전에 출연 의뢰가 들어왔을 것입니다. 어머니께서 집으로 찾아온 친구들에게 음식 잔치를 열어준

것도 막내딸의 아래와 같은 콤플렉스를 달래주려 한 어머니의 사려 깊은 배려 때문이 아니었을까요?

어린 시절의 나는, 친구들 엄마 또래였던 큰언니를 보며 '내 엄마였으면' 하는 바람으로 가득했다. 친구들은 큰언니를 '내 엄마'라 했고, 내 엄마를 '할머니'라 여겼다. 그래서였을까. 네 살 터울인 조카 윤정이가 괜히 미웠다. 큰언니의 딸로서 당연히 사랑받는 모습을 보며 어린 마음에 시샘이 일었다. 말도 안 되는 질투였지만, 그것마저 어린 시절의 나를 만든 한 조각이었다. 돌이켜보면, 내 마음 한구석엔 늘 '큰언니가 내 엄마였으면' 하는 바람이 있었다.

세월은 참으로 무상하여 허약한 체질의 아버지, 손에 물이 마를 날이 없었던 부지런한 어머니, 과묵한 장녀 노릇을 했던 큰언니, 수려한 용모뿐 아니라 사업 수완이 좋아 레코드 가게를 잘 운영하며 살았던 둘째 언니도 하늘나라로 데려갑니다. 게다가 남편까지 '불러도 대답 없는 이름'이 되었지요. 101세가 된 시어머니는 요양원에 계시는데, 놀랄 정도로 의식이 또렷합니다.

이지윤 님의 가족사는 여러 편의 수필에서 잔잔히 펼쳐지면서 감동을 주는데, 이유인즉슨 바로 한국의 보편적인 가족사이기 때문입니다. 세파나 시대의 회오리바람 속에서도 변치 않는 가족 간의 끈끈한 정을 느끼게 해주었다는 것은 이 수필집이 지닌 큰 미덕일 테지요. 가족의 화합만큼 큰 복은 없지요. 지윤 님 큰오빠의 고독은 장남으로서의 책임감과 효자 노릇에 대한 부담감 때문이 아니었을까요.

그런데 이 수필집이 제게 큰 감동을 준 것은 가족 간의 이해와 소통, 그 사랑의 역사를 더듬었기 때문이 아닙니다. 제1부 여섯 번째 수필 〈고정관념을 흔든 낯선 아름다움〉에 나오는 다음 문장 덕분입니다.

코로나가 한창이던 2022년 여름, 나는 세상에 대한 기대도, 나에 대한 열망도 내려놓은 채 무심한 나날을 보냈다. 무의미하게 방을 서성이던 어느 날, 딸아이 책상 위에 놓인 빨간 표지의 책 한 권이 눈에 들어왔다. 《2021년 이상문학상 수상 작품집》. 그저 무심코 집어 들었을 뿐인데, 그날 이후 나의 일상은 달라졌다.

책장을 넘기자마자, 한겨울 동치미처럼 알싸하고 청량한 문장들이 나를 뒤흔들었다. 싱하 레몬 소다처럼 톡 쏘는 이야기들과 젊은 작가들의 재기발랄한 시선은 무뎌졌던 내 감각을 단숨에 깨워주었다. 그 짜릿한 호기심은 '젊은 작가상'으로, 그리고 더 나아가 이미 알려진 젊은 작가들의 작품으로 나를 이끌었다. 김금희, 예소연, 손보미, 김기태, 정용준…. 그들의 작품을 읽던 중, 박상영과 김멜라의 퀴어 소설을 접하게 되었다.

(중략)

문학은 그렇게, 뜻밖에도 나를 바꿔놓았다.
슬프고도 아름다운 방식으로.

제가 이 대목을 읽지 않았다면 해설을 쓰겠다고 연락을 드리지 않았을 것입니다. 아, 이 불쌍한 중생이 이 나이에(사실은 연세를 모릅니다.) 문학을 하겠다고? 습작기가 10년은 필요한 소설이나 시는 도전하기에도 너무 힘든 장르라 수필을 써보기로 한 것이 코로나 시절이 아니었나 싶습니다. 앞서 여러분들에게 말씀드렸듯이 이지윤 님은 필사적인(?) 노력을 한 끝에 수상과 등단, 그리고 창작지원금 수혜, 수필집 발간이라는 보상을 받게 된 것인데 그 과정에서 놀라운 독서 체험을 했던 것입니다. 그동안 잘 몰랐던 책과 인문학의 세계에 푹 빠지게 되었습니다.

조금 수정할 사항이 있습니다. 2021년 이상문학상은 이승우가 〈마음의 부력〉으로 받았고 우수작으로는 박형서·윤성희·장은진·천운영·한지수의 소설이 선정됩니다. 같은 해에 문학동네에서 낸 《제12회 젊은작가상 수상작품집》에는 대상을 받은 전하영의 〈그녀는 조명등 아래서 많은 시간을 보냈다〉 외에 김멜라·김지연·김혜진·박서련·서이제·한정현의 소설이 실립니다. 창비에서 나온 박상영의 연작소설집 《대도시의 사랑법》은 훗날 영화로 만들어지지요. 이들의 소설 중

박상영의 소설과 김멜라의 〈저녁놀〉은 특히나 동성애를 다룬 퀴어 소설이기에 충격이 컸나 봅니다. 이제 전직 교장 선생님이었던 이지윤 님은 책이 제공한 마력에 빠져 새로운 미지의 대륙을 향한 항해에 나서게 됩니다. 항해 도중에 어떤 태풍을 만나게 될지 몰랐는데 다행히 배가 침몰하는 태풍은 만나지 않은 듯합니다.

지역도서관에 가서 책을 빌려 읽는데 줄기차게 밑줄을 그어가면서 읽었습니다. 보통 때는 연필로 밑줄을 긋고 지우개로 지워서 반납하는데 그날은 깜빡했던 모양입니다. 도서관 직원한테 "책에 줄을 그으시면 어떻게 해요! 공공으로 보는 책에 낙서하시면 안 된다는 것쯤은 알아야 하지 않나요?"라는 꾸중을 들었다고 해요. 그 정도로 이지윤 님의 향학열(?)은 활활 타올랐던 것입니다.

    운동을 시작했고 동네 도서관을 나들이하듯 찾았다. 주로 잡지를 구경하는 수준이었지만 시간이 지나자, 책 대출까지 하게 되었다. 하지만 책이 눈에도 머리에도 들어오지 않았다. 열심히 읽어도, 마치 흐릿한 달빛 아래에서 책을 보는 듯 글자와 내용이 희미했다.
    뜻이 또렷하게 잡히지 않자, 연필을 들고 글자를 하나하나 찍어가며 읽기 시작했다. 시간은 걸렸지만, 조금씩 눈에도 머리에도 들어오기 시작했고, 그렇게 책에 밑줄을 그어가며 읽는 나만의 독서가 시작되었다. 그런데 고유명사나 지명, 상호, 특별한 타이틀은 기억이 오래가지 않았다. 결국 80년대 학생들이 영어 단어나 한자를 외우려고 빽빽하게 적어 내려가던 '깜지 쓰기' 방법처럼, 나도 같은 방식으로 노력했다.

천상천하에 유아독존인 사람은 없습니다. 사람은 공부를 해야 합니다. 앎의 세계는 미지의 세계였던 것입니다. 이지윤 님은 독서를 통해 미지의 세계를 조금씩 알게 됨으로써 개안의 기적을 경험한 것이 아닐까요? 흡사 한글을 막 깨친 아이처럼 연필을 들고 책에 점을 찍고 줄을 치고 하면서 미지의 세계로 조금씩 나아갔던 것이지요. 이지윤 님은 코로나19 바이러스가 초래한 전대미문의 역병 시대를 독서와 습작을 병행하면서 통과하였고 그 뒤로는 책을 빌려보는 데 그치지 않고 사 모으게 되었습니다. 욕심을 좀 내 조금씩 써보게 되면서 서서히 독자에서 작가로 자리를 옮기게 되었지만 지금도 여전히 독서 편력은 계속하고 있을 것입니다.

책에 줄 긋는 버릇은 노안에서 오는 집중력 감퇴라 하지만 작가의 맘에 더 가까이 다가가고 싶은 나의 열망 같은 것도 있으리라. 다 읽은 '책'은 비어 있는 내 책장 한자리를 차지한다. 종이책의 촉감이, 냄새가 좋다.
이제는 어두워지는 눈, 떨어지는 기억력이지만, 그럼에도 내 삶의 잔해들도 꾹꾹 눌러 예쁜 무지개 색칠을 해나갈 것이다. 책을 읽고 필사하고, 글도 쓰면서 너무 외롭지 않게 노년의 삶을 받아들인다. 마음이 곧 내가 사는 세상 아니던가? 오늘도 밑줄을 그으며 나는 책을 읽는다.

그렇습니다. 이제는 책 읽기의 즐거움과 함께 글 써보기의 즐거움도 함께 누리게 되었습니다. 한 문장 한 문장, 한 편 한 편 공들여 쓰면서 추억 여행을 떠나기도 했고, 자신의 정체성을 확인하게도 되었습니다.

글을 쓰기 전에 이지윤 님은 두 아이의 엄마였고, 한 남자의 아내였고, 한 노인분의 며느리였습니다. 그 어느 누구의 누구였던 것입니다. 그런데 글을 쓰면서 자기 스스로 세계의 중심이 되었습니다. 창작자, 작가, 수필가, 에세이스트 중 어떤 것으로 불려도 어색하지 않은 기성작가가 된 것입니다. 그러고 보니 예술은 언제나 이지윤 님 삶의 중심이었습니다. 큰 박수를 쳐드리고 싶습니다. 그리고 만세삼창을 하고 싶습니다. 수필이여 만세! 수필가여 만세! 인생이여 만세!

제목을 쓰고 바로 그다음에 하는 행위가 본인의 이름을 쓰는 행위가 아닙니까. 이지윤. 나야. 내가 또 새 작품을 쓰고 있는 거야. 잘 읽어주길 바래. 하지만 자신감이 처음부터 생길 리 없지요.

예술은 언제나 내 삶의 중심이었다. 초등학교 4학년 때 담임 선생님의 권유로 독창 대회에서 우승을 차지했고, 그 일을 계기로 음악의 길에 발을 들였다. 중고등학교 시절에는 음악 전공을 목표로 정진했고, 대학에서는 성악을 전공했다. 주변의 칭찬에서 시작된 음악은 나를 음악 선생님이라는 직업으로 이끌었고, 그 직업은 내 삶에 든든한 자존감을 안겨주었다.

퇴직 후, 신은 내게 또 한 번의 선물을 건넸다. 지금 나는 수필가의 길을 걷고 있다. 인생의 끝자락에서 마주한 이 축복을 황송한 선물이라 여기며, '감사와 각오'로 마음의 뼈대를 세우고 글을 써 내려가고 있지만, 글쓰기는 참으로 어려운 작업이다. 늦게 시작했다는 조급함은 창작의 환희보다는 남의 시선과 세상의 평가에 얽매여 나를 자주 헤매게 만든다. 성숙을 위한 시간과 수련의 기본조차 잊은 건 아닌가 싶어, 얼굴이 홧홧해질 때도 많다.

하하, 초심자로서 쩔쩔매는 모습이 얼마나 귀여운지 모르겠습니다. 천릿길도 한 걸음부터이고 돌다리도 두드리며 건너야 하는 것입니다. 글쟁이는 끊임없이 자기를 만나고 자기를 부정하고 자기와 화해하는 모순된 존재입니다. 쓰는 작품마다 족족 명작이면 얼마나 좋겠습니까.

이지윤 님은 글쓰기와 함께 다른 일을 시작합니다. 기타 배우기였습니다. "성악은 다시 할 수 있는 것이 아니었고, 음악인임을 자임해 왔는데 뭘 할까 고민하다 선택한 것이 기타 배우기였다." 10대 때 송창식과 양희은 등 통기타 가수를 선망했던가 봅니다.

선생님으로 모신 실용음악과 출신 20대 초반의 명랑소녀는 유학을 떠났고, 두 번째 만난 선생님은 예고를 졸업하고 독일에서 공부하고 온 클래식 기타 전공자였습니다. 아마도 글쓰기와 기타 연주는 이지윤 님이 오랫동안 꿈꿔 왔던 본인의 버킷리스트가 아니었을까요? 남편분이 살아 계실 때는 시도를 생각하지 못했던 너무나 원대한 꿈! 기타 선생님이 중요한 말씀을 하셨습니다.

"기타는 사람의 심장 위에서 연주되는, 인간의 따스한 감정을 가장 잘 표현할 수 있는 악기입니다."

그녀의 설명은 어쩌면 그녀 자신의 고백이었는지도 모른다. 나의 기타 연주도 정복해야 할 과제가 아니라, 고단한 글쓰기 여정에서 언제든 기댈 수 있는 따뜻한 휴식처가 되어 주리라는 것을 알았다. 부드럽고 깊은 결의 부르고뉴 벨벳 같은 그녀다. 오래 함께할 것 같은 예감이다.

아직, 끝나지 않았으니까.

맞습니다. 이지윤 님은 아직 끝나지 않은 정도가 아니라 이제 막 쓰기 시작한 초심자인 것입니다. '初心'은 대단히 중요한 것입니다. 열망과 열정이 있었던 시절로 사람들은 돌아가고 싶어 하지만 어느새 나태의 늪에 빠져 태작만 양산하고 있는 경우가 많거든요.

이지윤 님은 늦게 등단했으므로 마음은 때때로 많이 급하고 초조할 때도 있을 테지요. 하지만 지금부터 저는 여러분과 함께 이 늦깎이 수필가의 앞날을 잘 지켜볼 것입니다. 다음 글을 읽고 제가 얼마나 격하게 감동했는지, 이 수필집의 독자인 그대에게 큰소리로 말씀드리고 싶습니다. 한국 수필 문단에서 소중한 인재를 한 명 발굴했다고. 그분의 이름은 바로 이지윤이라고.

'나이 든다'라는 건 삶이 무르익는 과정이라지만, 이제 그 말도 허허롭게 들린다. 한때는 노년이 평온과 지혜의 시기일 거라 믿었지만, 내 의지와 상관없이 다가오는 노화의 그림자는 솔직히 두렵다. 자식들에게 짐이 될까, 염려하며 살아야 할 날들이 가까워지고, 아프다는 사실 하나만으로도 내 마음이 먼저 위축된다. 젊을 땐 '아프니까 청춘'이라고 위로하며 살았더니, 지금은 '늙으니까 아프다'라며 하루를 보낸다. 아프면서 살아가는 것이 인생인가 보다.

그런데도, 정직하게 늙어온 나 자신에게 작은 자부심 하나쯤은 간직하고 싶다. 보부아르가 분노했던 생의 무게를, 나는 조용히 끌어안는다. 어제의 시간이 쌓아 올린 이 무게는 이제 더는 짐이 아니다. 그것은 내가 걸어온 삶의 증거이다. 앞으로 나아갈 길을 비추는 디딤돌로서, 발판이 되리라 믿는다.

이런 지혜를 어떻게 얻었는지요? 사색과 성찰, 독서와 습작이 이지윤 님을 지혜롭게 한 것이 아닐까요. 자, 이제부터 이지윤 님은 본인이 사랑했던 그 모든 것을 낱낱이 들려주세요. 추억도 들춰보면 무궁무진할 이야기가 있을 겁니다. 교사 생활의 일화는 〈라면의 반란〉 외에도 많이 있을 겁니다. 자상한 시아버지와의 추억이 〈시아버지와 약탕기〉밖에 없겠습니까. 남편분과 신혼여행을 제주도가 아닌 부산에 가서 겪은 일은 정말 재미있었는데 부부가 같이 살아오면서 겪은 산전수전에는 어떤 것이 있었을까요? 같은 항구도시지만 군산과 인천은 많이 다르지요? 대학 시절 이야기, 독서 체험과 영화 체험, 그리고 따님과 같이 스페인, 포르투갈 여행 시에 겪었던 일도 "괜찮으세요?"란 질문 외에도 더 있었을 겁니다. 다른 나라에는 가본 적이 없었을까요?

  이지윤 님의 문운 장구를 빌면서 저의 해설 쓰기는 여기서 그만 멈출까 합니다. 평교사, 교감, 교장을 거치면서 39년 동안 교직에 몸담고 있었으니 주부가 아닌 생활인 혹은 직장인 이지윤 선생님으로서 하고 싶은 이야기도 분명히 있을 겁니다. 저는 여러분들과 함께 앞으로 이지윤 님이 쓸 수필을 읽는 재미로 살아볼까 하는데 여러분 생각은 어떤가요?